逆転勝利を呼ぶ弁護

7つの実例とその教訓

JN054888

学陽書房

はしがき

　弁護士は、実際の事件の中でどのようなことを考え、どのような訴訟準備や訴訟活動をしているのか。本書は、私が扱った具体的な事件を通じて、弁護活動を実況中継するつもりで再現したものである。

　単に、客観的な事件の進捗状況をレポートするにとどまらず、その事件に取り組む中で私が弁護士としてどう感じ、何を考えたのか、事件に相対する人間としての弁護士の内面や主観的な側面もできる限り描写して伝えるように心がけた。取り上げた事案の中で、何が起きたのか、そのとき弁護士である私はどんな工夫をし、どうやって窮地を乗り越えたのか、乗り越えようとしたのか、を追体験してもらえるとたいへんうれしく思う。

　どうしても無味乾燥な内容になりがちな法律書とは違う、ストーリー性をもった読み物として手に取っていただければ幸いである。

　本書では、第1章で生の事件、とりわけ「負け筋」と言われる不利な事件をいかに依頼者の利益のために盛り返し、場合によっては形勢を逆転していくか、そのエッセンスを抽出しているが、その具体的な中身は、第2章の具体的事件を通じて書かれている。つまり、第1章と第2章は、「対」にある関係であり、第2章を先に読んでから、第1章を読んでいただいても構わない。

　第3章では、少し視点を変えて、今の司法の限界と司法制度の仕組みを変えることの重要性を説いている。日本の司法はこのままでいいのか、という根本的な問題意識は、司法に携わる人はもちろんのこと、広く一般の方々にも知って考えてほしいテーマである。

　本書は、新人から10年くらいの経験を持った若手弁護士を想定して執筆を思い立った。しかし、上記のようなストーリー性から、これから法律家を目指そうという学生、ロースクール生、また司法修習生はもちろんのこと、司法や裁判に関心を持つ一般の方々にも弁護士の仕事や司法の現場を知る上で有益な本になるよう工夫をした。

弁護士のみなさんには、ストーリーを追体験しながら、自分だったらどう動くか、また自分が直面する困難事件の中でどう応用できるか、私の弁護士活動の至らない面を反面教師とすることも含めて、読み進めていただければ、自分の法律家としてのトレーニングになると思う。

　私は、まだまだ未熟な弁護士であり、うまくいかないこと、壁にぶち当たることばかりの毎日であるが、生の事件を扱う弁護士が何を悩んで事件に取り組んでいるかの一端をこの本で知っていただければ望外の喜びとするところである。

原　和良

第1章◎不利な事件と向き合うということ

1　不利な事件は弁護士の仕事の醍醐味である　16

2　負け事案から救済するために　24

第2章◎実例でみる逆転勝利

1　貸金請求事件　　　　36

2　従業員地位確認等請求事件（使用者側）　　　46

4　マンション建替え決議無効確認請求事件　71

5 別荘管理契約事件 82

6 社会保険庁国公法違反被告事件（堀越事件） 105

第3章◎逆転のために忘れてはならない根本問題

◎資料編

凡　例

＜条文の表記＞

条文の表記については、以下のように略記して示しています。

（例）民法第651条

　→民法651条

＜判例の表記＞

判例の表記については、以下のように略記して示しています。

（例）最高裁判所判決昭和49年11月6日最高裁判所刑事判例集28巻9号393頁

　→最判昭49.11.6刑集28巻9号393頁

判例

＜略記＞	＜裁判所名等＞
最判	最高裁判所判決
高判	高等裁判所判決

資料

＜略記＞	＜資料名等＞
民集	最高裁判所民事判例集
刑集	最高裁判所刑事判例集
判時	判例時報
判タ	判例タイムズ

民法は、2020年4月施行のものを新民法としています。改正前の民法は、旧民法としています。

第1章

不利な事件と
向き合うということ

1 不利な事件は弁護士の仕事の醍醐味である

① 事件は生き物である

　私たち弁護士にとって、依頼を受けた事件というのは、すべて生き物である。それは、扱う事件はすべて生身の人間がかかわっているという意味でも生き物であるし、それ故に、その人の人生観や考え方、また相手方のそれが複雑に絡み合い、自然科学のように結果が一義的には予測できないというやっかいなものであるという意味でもある。そこに、双方代理人、検察官と裁判官という生身の人間が加わってくるので事は更に予測困難になる。

　その予測困難な中で、事件が予測と違う進み方をする場合には更に予測と対応方針を軌道修正することが求められる。

　そのマネジメントこそが、弁護士という仕事の本質でもある。

　どのような事案も、いくら筋を読んだつもりで、見通しを立てて取り組んでも、必ず予想外の壁にぶち当たったり、落とし穴にはまったりする。他方で、いくつかの幸運に恵まれて、困難だった事件が、面白いように解決に向かうこともある。弁護士という職業の宿命である。

　とても困難そうで、かつ不利な状況にある事件の相談を受けた時、弁護士はどうすべきだろうか。もちろん、法律問題になじまないとか、社会正義に反するとか、依頼者との信頼関係がとても維持できそうにない時などには、当然受任を断ることになるだろう。

　他方で、その事件や依頼者の主張に正義があり、不利で困難かもしれないが、しかしやりようによっては、何とかできるかもしれない。負けるとしても、いろいろな負け方がある。目の前の依頼者を何とかしてあげたい。自分が何とかしなければこの人は法に見放されてしまうことになる。

こんな相談がきたら、結果はやってみないと弁護士にもわからないのである。しかし、やらなければ必ず負ける。そのような時は、逃げずに挑戦して、無い知恵を振り絞ってたたかうしかない。

　弁護士が事件に取り組む姿勢とは、与えられた情報から仮説を立て、その仮説を検証しながら実践して、うまくいかなければその仮説を修正し、よりよい成果が出るように証拠と論理を積み上げていく、その繰り返しである。最初に立てた仮説が、実際とは全く違うということもあり得る。その場合は、仮説そのものをひっくり返して再度新たな仮説を立て、事件に取り組む。ある意味で、先入観、思い込みにこだわらない、事実のみを愚直に直視するという姿勢が重要である。

② 同じ結果になることが期待される請負型業務

　弁護士の仕事には、どんな弁護士に頼んでも、同じ結果になる、という仕事もある。もっとも「同じ結果」というのもかなりあいまいな表現であり、また我々の仕事は生身の人間相手の仕事だから、「同じ結果」であっても、依頼者の感じ方はそれぞれ異なるものである。そのことは、法人相手の仕事、企業法務であっても基本は同じである。なぜなら、たとえ依頼者が法人であっても、その経営を担っている社長や役員は生身の人間であり、事件に直接携わる法務担当者も生身の人間であるからである。

　もともと争訟性がないか、低い業務がある。例えば、遺言書作成や交通事故の自賠責保険請求、簡易な債務整理や破産申立事件などがこの分類に入り、仕事の完成を目的としているといってもよい請負的要素の高い事務作業である。

　このような類型の業務は、他の士業と同様に、仕事の完成＝依頼の成功が予定されており、失敗は許されない。

　このような地味な事務作業でも、弁護士は、しっかりと仕事をして信頼を勝ち取るべきである。他の士業と同様、弁護士は、生身の人間相手の仕事であるから、同じ結果が出る仕事でも、手を抜かずに依頼者とよいコミュニケーションを維持しながら満足してもらえる仕事を

しなければならない。

　実は、このような事件をしっかりと処理して顧客満足を獲得することなしに、次に述べる頼んだ弁護士によって結果が変わる委任型業務での成功はあり得ないのである。

③ 頼んだ弁護士によって結果が変わる委任型業務

　弁護士の仕事が、他の士業と決定的に違うところは、仕事の大部分は、何度も繰り返しになるが、やってみないと結果がわからないという点にある。

　税理士であれば特殊な税務訴訟は別として、中心的な仕事は税務署への税務申告業務である。税理士によってうまく節税できる、できない、という多少の差はあるとしても、申告は正しくなされるべきものであり、税務申告が成功したといって顧客が感動することはない。司法書士に不動産登記手続きをお願いして、登記が成功したといって顧客が感動するものではない。これは、どの士業がえらいかどうかとは全く関係のない問題であり、その受任業務の性質に由来するものである。

　ところで、弁護士の仕事の多くは、もともと専門家でしか解決できない争訟性の高い事件（だから「事件」と一般に呼ばれる）を受任して、問題解決を図ることを目的とする。

　我々弁護士の仕事の大半は、やってみないと結果はわからないので、成功は約束したらいけないルールになっている。求められるのは、受任した事件を法律知識と経験を駆使して、誠実に処理することである。失敗しても成功報酬はもらえないが、成功したら成功した度合いに応じて成功報酬を請求できるという契約になっているのが一般的である。

　弁護士であれば、だれでもわかることだが、相手方や相手方弁護士がどのような人物か、どのような主張・反論をしてどのような立証を行ってくるかで、結論や結論に至るプロセスは大きく変わる。そして、当たった裁判官の考え方によって結果は180度変わる。

すなわち、当方側の状況×相手方側の状況×裁判所の状況という３つの不確定要素が複雑に絡み合い、判決あるいは和解という結果に至るプロセスが訴訟の場合、結果は何十通り、いや何千通りにもバリエーションがあることになる。

　例えて言うと、弁護士の紛争解決は、暴風雨の大海を、依頼者と信頼関係を築いて協力しながら、小舟の舵を漂流して遭難しないように無我夢中で操縦し、依頼者と一緒に対岸までたどり着くという作業のようなものである。

④ 結果がわからない事件は弁護士の力が試される

　それぞれの当事者の言い分が対立する中で、真実は何か？　それをどう証明するかの証拠を集め、法律や過去の判例・裁判例、学説などに依拠して、依頼者の利益を実現していかなければならない。

　しかも、一人の弁護士が並行して抱えている事件数は、数十件に上り、私のように若手弁護士と共同で事件を処理していると軽く100件を突破する。スピードと優先順位の選択が常に求められ、無駄を極力排した合理的な事件処理が常に求められる。

　そうすると、
　①事実の捉え方
　②事実を支える客観的証拠の収集の仕方
　③法律論
　という３つの過程で、その弁護士の真価が問われることになる。そして、この３つの過程は、結果がわからない厳しい事件、不利な事件を受任してもがき苦しまない限り、身につかない力でもある。多くのしんどい事件は、その事件単体で見ると弁護士としては経済的に非効率であり、時間ばかりが浪費していく事件である。しかし、その浪費は決して浪費ではない。プロ野球選手は本番で打撃の成果を上げるために一人で何千回も素振りを繰り返す。アスリートは、本番で成果を上げるために、ジムでの筋肉トレーニングやトラックでの練習を繰り返す。これらのトレーニングには誰も報酬を支払ってはくれない。

他方、弁護士は、過酷な事件、困難事件であっても最低限の費用を
もらって有償でトレーニングを積むことができる。楽で儲かる事件な
どを待っていることが如何に馬鹿げた思い上がりかということが、プ
ロフェッショナルの選手やアスリートと比較したらよくわかるであろ
う。
　本当の実力がつくのは、楽な事件ではない。夜も眠れないほどに悩
む難事件、時間を忘れて何か突破口はないのかと悩む事件、土日にも
がき苦しみながら無駄とも思える時間を使って必死で考え抜いた事件
なのである。
　第2章で紹介する事件はすべて、私自身をプロフェッショナルに鍛
えてくれたそのような事件の代表的なものである。このような事件に
巡り合わなければ、また巡り合ってもその事件を「大変そうだから」
「負けそうだから」と断っていれば、私の弁護士としての力は決して
鍛えられなかったであろう。
　だから、難しい事件がきた時は、ラッキーと思って引き受けること
が将来的には社会のため、自分のために役に立つものだと心得るべき
である。

⑤　法律家のクリエイティブな活動への要請

　今の社会は、国際化、多様化、高度情報化の時代と言われ、日本で
しか通用しない常識や慣習では世界に伍していくことが難しい時代に
なっている。しかも、その変化は日進月歩でめまぐるしい。
　ところが、日本の社会は、この20年来、この変化にキャッチアップ
できていないように感じられる。頭では変化しなければ、適応しなけ
れば、ということはわかっていても、戦後あるいはそれ以前から慣れ
親しんだ慣行や思考様式は、変われないでいる部分がほとんどであ
る。
　その中で、もっとも変化に鈍感なのが、私たちがいる司法界であ
り、司法権を有する裁判所と裁判官である。2020年4月1日、約100
年ぶりに改正された民法が施行されたが、この改正とて必要最小限の

改正という感は否めない。裁判所・裁判官は、法的安定性や継続性の観点から、法律と過去の判例を重視する。今でも、戦前の大審院判例を引用して判決が下されることは多い。法律の改正が社会の変化に追いついておらず、それに輪をかけて裁判所は、時代に遅れた法律とその法律の下での判例に依拠するから、司法は二重に時代遅れの判断となってしまうことが多い。

このような変化の時代であるからこそ、社会正義や基本的人権を守るためには、時代に敏感な弁護士が、依頼者・市民の「おかしい」という新しい常識、生成中の常識を取り上げて、司法の場に持ち込むことは、弁護士にしかできない仕事であり、特権でもあり使命でもある。法的安定性や先例の重視を否定するものではないが、時代の変化の中で何がこれからも変わらずに大事にされるべきか、何が時代の変化に応じて変わるべきなのかを見極め、問題提起をしていくことが我々弁護士にとって重要な仕事である。

私は、常々弁護士という仕事は依頼者の要求や夢を実現するアーティストであると考えている。

今ある法律や判例をベースにしながら、変化する社会の中で、この法律がどのように変わらなければならないのか、古い判例をどうやって時代に合わせて変更すればよいのか、私たちは立法家ではないので、法律を変えることは直接できないが憲法違反の判断や新しい判例で法律改正につなげることはできる。また、古い法律の下であっても、これまでとは違う法解釈をすることで依頼者の権利を実現することができる。

我々が扱う法は、世の中が平和で秩序が保たれるために、そして究極的にはそのことによって人間が幸福になることを保障するために存在するものである。

先例が、世の中の平和や秩序、人々の幸福を実現していないのであれば、その先例は既に役割を終えているのであって新しい規範を打ち立てるべきなのである。

⑥ 弁護士は法の番人

　さらに、弁護士の職責から、不利な事件に挑戦することの意義を考えてみよう。

　憲法とそれを具体化した法律で、弁護士の職責が規定されている。すなわち裁判の代理人、弁護人となる資格を独占している、ということである。

　刑事事件においては、憲法で被告人に弁護人選任権（法37条）が保障されているが、ここでいう弁護人は、弁護士に限られる。刑事訴訟法では、被告人・被疑者の弁護人選任権を規定し（法30条1項）、弁護人は弁護士の中から選任しなければならない（法31条1項）とされている。

　また、民事事件でも、裁判を受ける権利（憲法32条）が保障され、民事訴訟法では、「法令により裁判上の行為をすることができる代理人のほか、弁護士でなければ訴訟代理人となることができない。」（法54条1項）と規定している。

　したがって、民事刑事を問わず、裁判手続き上の職務独占を保証された弁護士は、職務独占にふさわしい職責を果たすべき使命を担っているということになる。この点で、利益になるかどうかの判断で受任の可否を判断してはならないという道義上の義務を負っており、そこが単なるサービス業とは違う点である。

　今の社会では、スピードと効率性が重視される傾向が顕著である。しかし、弁護士の職責が、社会正義の実現と基本的人権の擁護にある以上、それは短期的には効率性や経済的合理性とは矛盾することはある意味不可避なことである。効率性や経済的合理性・生産性を重視すれば、三権分立などいらないし、会社に監査役など必要ない。選挙で代表を選ぶなどという選挙制度も、莫大な税金の無駄遣いともいえようが、それは民主主義社会において本末転倒な議論であることはおわかりであろう。

　権力分立、チェック機能は、短期的に見れば本来的に非効率なことである。しかし、あえて非効率な制度を設けて、権力の暴走をとめる

制御装置をつくったのが、近代社会である。それは、過去の人類の何千年の歴史の教訓を踏まえた知恵だといえよう。効率性だけでは権力は暴走する。それが、近代民主主義社会が到達した結論である。そして、権力の分立を社会の様々なシステムの中に網の目のように張り巡らせることで、少数者の権利がないがしろにされるのを防止しようという意図である。

　弁護士は法の番人であり、不利な事件であっても社会の正義のために、果敢にチャレンジすべき場合がある。

⑦ 困難事案は無形の価値をもたらす

　とはいっても、新しいことに挑戦するにはエネルギーがいる。

　負け筋の事件をひっくり返そうとすると、様々な抵抗に遭い、しなくてもよい苦労を背負い込むことになる。

　しかし、それは、プロフェッショナルとしての弁護士の仕事である。多くの困難事案は、間違いなくコスト・パフォーマンスは悪い。下手すると、手弁当あるいは持ち出しになることもよくある。

　しかし、コスト・パフォーマンスは最悪だが、そこで苦労した経験や新しく獲得したノウハウ、人との出会い、社会的影響は、それを超える計り知れない無形の価値をもたらす。多くの負けを積み重ねると、そこから今度は違う方法でどうたたかうか、という知恵も生まれる。そこに社会正義がある限り、事件で失敗した経験、敗北の経験は、無価値ではない。

2 | 負け事案から救済するために

① 依頼の45％は勝ち筋、45％は負け筋

　ところで、私は、事件はやってみないと結果はわからない、と述べた。それは、その通りである。だから、勝ち筋だと思った事件も気を抜かずに取り組まないと、とんでもない失敗を起こし勝つべき事件に負けてしまう、ということになりかねない。時に、依頼者に裏切られることもあるし、裁判官に裏切られることもある。

　他方で、しっかりとやるべき手を打って取り組めば勝ち筋で分がある事件、どうがんばっても負け筋で分の悪い事件という分類ができるのも事実である。

　何を勝ち、何を負け、と呼ぶかは議論のあるところであり、また勝ちでも負けでもない事件というのもあり得るところであるが、そこを捨象してざっくりと自分の体験から述べれば、依頼事件の45％は勝ち筋（分のある事件、きちっと取り組めば依頼者の意向に沿った解決が可能な事件）、45％は負け筋（分が悪い事件、残念ながら依頼者の意向と想定される結末に大きなギャップがある事件）であるといえるだろう。

　残りの10％は、事件の筋の見方、弁護士の取り組み方、証拠収集の成否、裁判官や相手方（代理人）との組み合わせの運不運、などにより勝ったり負けたり引き分けたりできる事件である。

　この10％を制覇すれば、腕のよい弁護士、実力のある弁護士と評価されることにつながる。

② 負け筋の事件は「上手く負けろ」

　たとえ45％の負け筋の事件であっても、弁護士が依頼者の利益を守るためにやれることは無限大にある。

負け筋の事件は、どう負けるかが問題で、上手に負けて依頼者の被害を最小限にとどめることが必要である。

　刑事事件を考えればそれは一目瞭然である。日本の刑事裁判の有罪率は99.9％であると言われる。無罪になるのは、1000件中１件に過ぎない。あまり褒められたものではない。しかし、999件の事件が負け（有罪）だからといって、その有罪事件を受任した弁護士の仕事が何の意味もないのかというと、そんなことはない。適正手続を経る中で、有罪に至る経過をチェックしていくこと自体に弁護人として仕事をする意味がある。たとえ証拠が十分で合理的疑いを超える立証がなされる事案であっても、被告人と向き合う中で、被告人が自己の過去を振り返り、反省し、そして更生を誓うまでに変化するためのサポートをすることは重要な弁護人の職務である。

　民事事件の場合は、負けようによって依頼者の被害を大きくすることもできるし、最小限に収めることもできる。それは直接的には、和解による負担額の軽減であったり、分割支払いであったりすることもあるし、例えば会社の事件であれば解決経過の中で、紛争再発を防止するための新たなコンプライアンス体制の確立など負け筋事件から依頼者が得るものも少なくない。むしろ、負け筋事件は、小さな失敗の中で教訓を学び成長し、大きな失敗を回避する絶好の機会である。

③　勝負は残り10％の事件

　問題は、負け筋かもしれないが、弁護士の腕次第では逆転可能な事件にどう対応するかである。

　第２章で紹介する「３　解雇無効確認請求事件（労働者側）」などの事例は、他の弁護士が受任を断った負け筋事案や困難事案である。このような事件を引き受けるかどうかは、事案そのものの性質のほかに、紹介者との関係、依頼人との関係や人柄、熱意、その事件が内包する文化社会的背景などが大きく影響する。

　特に、依頼者がこの事件は勝ち負けだけが重要なのではなく、裁判を通じて真相を明らかにしたい（交通事故や医療過誤事件などはその

典型事例)、社会に問題提起すること自体に意味がある(憲法訴訟のような人権に直結する事件など)という意向をもっており、負けてもいいのでやれることをやってほしいという場合には、引き受けることになるだろう。

④ 法的安定性を重視する裁判官を説得する

　裁判の場合は、最終的には担当裁判官を説得できないと、勝訴や勝利和解にはつながらない。そのためには、その事件の特徴を理解して、どこで勝つのか、という戦略目標を定めることが必要になる。やみくもに、何でも言えそうなことを羅列して主張するばかりでは、焦点がぼけてしまって勝機を逃してしまうことになる。

　また、いったん設定した戦略目標を、訴訟の進行につれて、見直し修正していくことも必要である。訴訟の進行につれて、事案の焦点・争点が次第にずれてきたり、思わぬところで裁判官が違う争点にこだわりを持ち、引っかかっていたりすることなどは、多くの弁護士が経験するところであろう。

　最終的には、裁判官を説得して判断をしてもらうわけだから、現瞬間で、裁判官の問題意識はどこにあるのか、その問題意識や疑問に答えるには、あと何が必要なのか、を考えながら訴訟活動を進めないと、無駄な努力を行うことになる。

　以下、負け筋の事件で考えられる戦略を整理してみよう。

1　他の法体系に波及効が及ばないことを訴える
①先例の射程を絞る

　裁判官は、過去の判例・裁判例を重視する。いくら理屈は通っていても、結論に妥当性があると思われても、それを否定する判例・裁判例があるとなかなか勝てない、というのが裁判である。

　裁判官は、当該事件の結論の妥当性を考えながらも、先例との整合性や他の類似事案に与える影響等を常に考慮して理屈付けを行う。すなわち、法的安定性の重視である。

そこで、まず代理人として考えなければならないのは、当該事案で勝つためには、この事案で当方の依頼者を勝たせても、法的安定性を害しないということを説得するというアプローチである。過去の先例と一見矛盾するように見えても、それが先例の射程外であること、先例を侵害することなく、依頼人を救済することが可能であることを理論づけていくというアプローチである。

　南箱根ダイヤランド事件（第2章「5　別荘管理契約事件」参照）での石垣地裁判決（90頁）、稲田高裁判決（91頁）はその絶好の例である。裁判官が一番抵抗なく受け入れやすい論理をどう組み立てていくか、そこにはプロフェッショナルとしての知恵が必要となる。

②「原則V.S.例外」で勝負する

　また、法解釈には、規範があってその適用要件と適用外になる例外とが通常存在する。法解釈や先例の適用非適用が問題となる時には、本件事案が、原則事案であり法適用がなされるべき事案なのか、それとも非適用となる例外事案なのか、それが実際上の勝負となる場合がある。

　この原則・例外パターンの適用の可否では、まさに本件事案特有の事実の有無、事実認定が勝負となり、結局は立証の成功・不成功が大事な代理人活動になってくるといえよう。

2　司法判断を下し、立法的・行政的解決を促すことを訴える

　もっとも、このようなアプローチでは、突破できない事件も数多く存在する。また、どこにも先例のない判断を迫らなければならない事件もある。

　その場合には、裁判官に勇気をもって、先例を乗り越える判決や先例をつくる判決を書いてもらうよう促すことになる。

　井戸謙一元裁判官は、下級審判決の重要性を強調する（「司法の可能性と限界と──司法に役割を果たせるために」『法と民主主義』No.544、2019年12月、15〜21頁）。時代を先取りした下級審判決、判例に沿わない判決は上級審で覆されるリスクは大きい。それでも、良心にのみ

拘束されて書かれた下級審判決は、社会に対して大きな影響力を持つ。たとえ、後に上級審で覆されたとしても、である。

そして、判決の社会的影響力は、世論を形成し、その立法的・行政的解決を促す強力な武器になる。世の中の主人公は国民であり、国政の方向性は最終的には国民が決めることであり、最高裁判所が決めるものではない。

⑤ 和解の活用

とはいっても、やはり判決までいくとどうしても法律条文や先例の壁にぶち当たり、勝てないという事案もある。判決は、常に０：100（オール・オア・ナッシング）の世界である。

しかし、世の中の紛争は、０：100ではいかにも妥当性を欠くという事案がほとんどであり、このような場合には、裁判所から和解の打診があることが多い。

和解をうまく利用して、うまく負ける、実質的に勝つ、という選択肢は大いに利用すべきであろう。

⑥「この依頼者は救済しないとおかしい」が先

負け筋の事件を受任するときは、何を考えるべきであろうか。

代理人弁護士（刑事の場合は、刑事弁護人）の出発点は、生の事実であり目の前の依頼者である。それは、抽象的な理屈ではなく、現に起きている問題であり、そこで苦悩する血の通った生身の人間である。

そうであれば、私たち弁護士は、目の前の事実からすべてを出発させなければならない。どんな法律があるか、どんな先例があるかが先ではないのである。

頭のよい弁護士は、先に法律や判例の知識があって、その知識を目の前の事実に当てはめて結論をあたかも自動販売機からジュースを取り出すように出してしまうという間違いを犯す。それは、本末転倒だと思う。何も、法律や判例を無視しろ、勉強する必要はない、と言っているのではない。

あくまでも出発点は、人間であり、生の事実であるということから始めないとおかしな結論に至るおそれがあり、また救われるべき依頼者が救われないというリスクがあるということである。

　まずは、この目の前の依頼者は、救済されないとおかしい、と自分の中にある価値観や正義感が反応するかどうか、もしそう反応するのであれば、法律や判例から見てそれをどう実現できるのか、どこかに糸口や根拠、抜け穴がないかを次に検討することになる。

⑦「条文と裁判例による理屈付け」は後

　その意味では、法律の条文や判例、裁判例による理屈は、事実の後で検討すべき問題である。

　このような思考アプローチは、依頼者にとっても受け入れやすい方法である。多くの依頼者は、まずは、話を聞いてほしい、真実をわかってほしい、自分の悩みや苦悩を理解してほしいという要求をもって弁護士に相談に来る。それを、法律条文と先例に当てはめて話も半分しか聞かず、結論を出してしまうのは間違いである。それだったらＡＩにもできることであって、弁護士の存在意義はない。

　何よりも、話を聞いて共感し、その後に、法律条文や先例に照らしながら出口を一緒に見つけ出すという思考を心がけたいものである。

　裁判官は、法の解釈⇒規範の定立⇒当該事案の事実へのあてはめ⇒結論、という法的三段論法をとるといわれているが、実際は必ずしもそうではない。一番大事なのは事実である。これは、水俣病などの４大公害裁判をはじめ多くの公害裁判の中で私たち弁護士が経験したところだ。目を背けられない悲惨な事実を突きつけられた時、法律家はそれを人間としてどう受け止めるのかが最初であり、それは裁判官とて同じである。

　そして、これまでの法解釈ではその救済に難があり、それでも救済されるべきという条理がある時、新しい救済のための法理論を創造しようともがくことになる。そういう意味では先例では救済困難な事件、先例のない事件では、裁判官と代理人弁護士とが共同作業で新し

い時代に即した法解釈、法理論を構築することになる。

⑧ 逆転勝利は運である

　率直に言って、逆転勝利があるかどうかは時の運である。しかし、挑戦しない限り、逆転勝利のチャンスは絶対に回ってこない。

　野球に例えれば、打席に立ってもバットを振らなければホームランもヒットも出ないのと同じである。どんなに優れたプロ野球選手であったとしても、10割のヒットを打つことはできない。3割の打率が最高である。ということは、どんなに優れたバッターであっても半分以上は失敗しているということである。

　逆転勝利は運ではあるが、その確率を1％でも高くするための努力を日々惜しまずできるかどうか、それがプロフェッショナルとしての弁護士の真価ではないかと思う。

　その事件だけをみれば、経済効率は著しく低いし、無駄な努力かもしれない。しかし、それは、研究開発投資でもある。そこでの研究開発投資は、たとえ当該事件で花開くことはなくとも、弁護士としての能力として蓄積され、次の事件での勝利を準備する。

　そもそも、私たち弁護士の仕事は効率性の追求とは相矛盾する仕事であり、それは宿命である。

　こだわりと心のひっかかりを大事にしてほしい。

⑨ 依頼者は、弁護士に何を求めるか？

　改めて、依頼者は、弁護士に何を求めているのか？　何を弁護士は依頼者に提供するのか？　について考えてみたい。とりわけ負け筋の事件の受任にあたっては、以下のことも念頭に置いてほしい。そうすれば、いろいろな意味で依頼者を救えるかもしれない。

1　「勝つ」こと
　人がトラブルに見舞われた時、四六時中頭の中をそのトラブルに悩まされ、ストレスとなる。

法律事務所を訪れる依頼者は、気が動転し、意気消沈し、あるいは不条理に怒り心頭の思いで相談に来る。彼らは、目の前に降ってわいた不幸・不条理を何とか解決したいと、希望通りに問題を解決してくれる法律専門家を探して事務所にたどり着くのである。

　それは、相手方の当事者もそうである場合が多い。世の中にある紛争は、どちらかだけが一方的に悪いという事案はむしろ少ない。どちらの側にも言い分があって、何かのすれ違いや感情のもつれから当事者間では解決困難なトラブルに発展するケースのほうが多いのである。

　その時に、弁護士としては、依頼者の言い分に対して傾聴し、そして怒りや悲しみを共感し、しかし客観的で冷静な目でその解決の糸口を見出さなければならない。感情とイシューを切り離して、分析し、イシューの解決方法を示しながら感情を整理する援助をしてあげる必要がある。

　また、依頼者の考える「勝つ」ことは、いたってあいまいで感情的なことが多い。場合によっては、いくらでも時間とお金をかけて、相手にギャフンと言わせること、苦しめ通すことがその依頼者にとって「勝つ」ことだと思っている場合もある。

　しかし、実際の解決には、依頼者の当初考えている主観的に「勝つ」ことに固執する限り、依頼者自身も大きな痛手を被ったり、共倒れになったりして、客観的には誰も得をしないという事案も多い。かえって何らかの譲歩や利益の取引・交換を行うことによって、互いが利益を得て満足するという事案もあるのである。「勝つ」とは、とてもあいまいな言葉である。

　もう一つ言えることは、「勝つ」とは、直接の紛争の相手方に勝つことばかりではない、ということである。依頼者の怒りは相手方に集中しているが、「勝つ」とは、トラブルを招来した自分の弱点や問題点に気が付き、それを乗り越えることによって事態の好転が図れることでもある。

　例えば、信頼する部下に未払い残業代を請求された社長がいたとし

よう。社長は、その部下を信頼して、自分も昼夜を問わず必死に経営にいそしんできたのに、突然何百万円もの残業代を請求されて、怒り心頭である。これまで必死に支えてきた会社を、この残業代請求でパーにする気かという怒りが収まらない。

しかし、日本の労働法と裁判所の判例では、未払い残業代の支払いの要否はある程度、判例の積み重ねもあり、社長の思いは裁判所には通じない。

その時に、その経営者にこの事案を通じて、会社のコンプライアンスをどう確立していくか、もうワンランク上の労務管理を目指して強い会社、いい会社をどうつくるかというところに目を向けてもらわなければ問題は一向に解決しないのである。

まさに、勝つ、とは、自分に勝つという意味であることもある。

2　プロセス

弁護士の大半の業務が、委任契約であり勝つことを請け負うものではないということは、裏から言うと、勝つことよりも、結論に至るプロセスが決定的に重要であるということである。

エクスペクテーションマネジメント（期待値管理）という言葉がある。依頼者としては、依頼した通りに手順が進められているか、もしも手順通りに進んでいなかったとしたら、それがなぜなのかに強い関心を寄せている。とりわけ、訴訟沙汰には慣れていない、あるいは慣れていない類型の訴訟では、どうなっているのか、どうなっていくのかは、不安でしょうがないのである。

その時に、代理人が、委任の趣旨に従って、適宜適切な報告、情報提供を行えば、依頼者は安心する。

もちろん、訴訟だから当初の予想通り、想定通りに進むわけではないが、その時々で、適切な情報を提供し、共有していくことが実は、「勝つ」ことにもまして大事な業務となる。

3　プラスアルファの価値に依頼者はお金を払う

　勝ちか負けかは、客観的基準や評価の問題であると同時に、依頼者がその困難をどう乗り越えることができたのか、その逆境から何を教訓として学んだのかという主観的評価、満足の問題でもある。目の前で起きたことは正でも負でもない事実・事象である。その事実・事象に評価を加え、正負の価値判断を下しているのは、当事者の心であり感情である。落ち込んでも、怒っても、泣いても目の前の事実や事象は何も変えることはできない。変えられるのは、その事実・事象に対する当事者の受け止め方や向き合い方である。

　当事者の受け止め方や向き合い方に、ヒントを与え、その乗り越え方をアドバイスするのが弁護士の役割であり、その役割が果たせた時に、依頼者は弁護士の存在に当該事案の勝ち負けを超えた価値を感じる。弁護士が依頼者からいただく報酬は、ある意味この勝ち負けを超えた価値に支払われる対価である。

⑩ 逆境こそ成長のチャンスと考える

　依頼者にとって事実・事象は変えることはできないということは、弁護士の在り方にも同じことが言える。

　弁護士にとって、依頼者との出会い、事件との出会いから言えることは、いったん仕事として引き受けた以上、逆境や困難を構成する事実は変えることはできない。問題は、その逆境や困難に弁護士としてどう向き合うのか、ということになる。困難な事件を、やりたくない面倒くさい事件としてとらえるのか、あるいはその困難事件との偶然の出会いを自分の人間としての、弁護士としての成長のチャンスとしてとらえ、ある意味感謝して乗り越えようとするのか、その受け止め方次第で、見える事件の色は変わってくるのである。

　どんな仕事でも同じであろうが、仕事は「伸るか反るか」の真剣勝負である。リスクを引き受けてはじめて真剣に取り組むことになるし、壁にぶち当たって必死でそれを乗り越えようとする苦労があって、その壁を突破する糸口は見つかるものである。我々は、すごい成

果を成し遂げた人を見ると、その結果しか見せられないから、「天才だ」「自分にはできない」と思ってしまうが、それは違うと思う。成果を出している人は、人の見えないところで努力を重ねている。ただ、それを言わないだけである。歯を食いしばって、努力してこそ、それを達成した時には、魂が震えるような喜びがあるものである。

　だから、困難な事件こそ、感謝して喜んで取り組むという姿勢が重要である。

実例でみる
逆転勝利

1 | 貸金請求事件

原本の存在しない金銭消費貸借契約書と連帯保証念書。その背後にあった真相とは？

① 事案の概要

　Ｉさんはコンサルタント会社の社長。とっくに返済済みであった会社名義の借入金1000万円について貸主から突然、連帯保証債務履行を求める裁判を起こされた。

　Ｉさんは、一審は顧問弁護士に事件を依頼。勝訴を信じて結審後には前祝いの盃をあげていたという。

　一審では、主債務の弁済の抗弁と消滅時効が主要な争点になったが、判決は保証人であるＩさんのまさかの完全敗訴判決であった。判決では弁済後、別の取引で送金したお金が1000万円の返済の一部金だと認定され、残債務が存在すると認定されてしまっていた。

　相手方が提出したのは、会社の準金銭消費貸借契約の債務1000万円について、契約締結の３か月後に作成された保証人として連帯保証の念書。そこには、確かにＩさん本人の筆跡で署名捺印がなされている。

　この事件の勝訴の鍵は、意外なところにあった。

② 逆転までの経緯

1　控訴審受任の相談

　Ｉさんの会社には、顧問法律事務所があったが、私とは、個人的な相談や親族の相談などを通じて付き合いがあった。そんなＩさんからある日電話がかかり、敗訴した会社関連の事件の控訴審を受任してほしいとの相談があった。

　既に返済したはずの会社の借入金1000万円について、Ｉさん個人に

対して連帯保証債務履行の裁判を起こされ、敗訴したという（この事件では、主債務者である会社はなぜか被告にされていない）。

事件を受任することにして、一審の代理人から記録一式を取り寄せて検討することにした。

一審代理人は、弁済の抗弁に反論・反証を集中し、同時に弁済後の送金は本件の貸付金返済とは無関係の送金であると主張して、消滅時効を援用していた。

会社の準金銭消費貸借契約の成立には争いはない。しかし、その3か月後にＩさん個人が差し入れたという連帯保証人としての念書は争点になっていなかった。

記録を取り寄せて、不思議に思うことがあった。準金銭消費貸借契約書の原本はおろか、念書の原本も証拠として提出されておらず、写しで提出されている。一審代理人は、Ｉさん本人が自分の筆跡であると認めていたため、Ｉさんには証拠が写しであり原本ではないことを説明していなかったようだ。他方Ｉさんは、念書が確かに自分の筆跡であることは否定しなかったが、念書を書いた記憶がないことがずっと気になっていたという。

1000万円もの大金の請求に、原本がないということは何かおかしい。この事件の記録を見て最初に思ったのは、このことである。

2　偽造された念書

この事件に関しての私の最初の直感は、「本来あるべき証拠がない不自然さ」である。もちろん、どんな事件でも、原本を紛失して見つからない、証拠提出ができないことがいくらでもある。

しかし、1000万円の貸金請求なのに、借用書の原本が証拠に出てこない不自然さに、私は、直感的に、これは偽造文書ではないか？　と疑った。

偽造であることを、どうやって証明すればよいのだろうか。

原告とＩさんは、同じ会社で一緒に仕事をしていた経営者仲間であり、原告はＩさんからＩさんが署名・捺印した契約書や委任状など

様々な文書を取得していたことがわかった。そこで、まず私は、署名・捺印した文書をＩさんに全部調査してもらうことにした。

　Ｉさんに集めてもらった複数の文書の署名を照合したが、本件念書とピッタリと合致する署名の筆跡は見当たらない。何度も見ているうちに、ある事に気が付いた。苗字２文字と名前２文字が、ピッタリ重なる文書は確かに存在しない。しかし、よく見ると、複数の文書の一文字一文字に、本件念書にとても類似した筆跡の文字が見つかった。その一文字一文字を取り出して、本件の念書に重ね合わせてみた。

　息を飲むような緊張の瞬間である。４つの文書から集められた文字は、ピッタリと念書の文字と重なり合った。

　念書は、Ｉさんが別の機会に署名して作成した複数の文書に残った文字の合成であることを発見することができた。

3　原告は、偽造のプロフェッショナル

　人を偏見で見るのはよくないが、本件の場合、原告はもともと一癖も二癖もある自称「経営コンサルタント」である。

　原告は、本件の準金銭消費貸借契約後に、還付金詐欺で逮捕され、実刑判決を受けて服役している。コンサルタントと称して会社に入り込み、税務署に提出する申告書類を思うように偽造して所得税等の還付金を騙し取り、そこから高額の報酬を得るという詐欺行為を繰り返してきた人物である。

　決めつけはよくないが、原告が偽造慣れした人物であることも念頭において事件に対応しなければならない。

　そうであれば、念書の原本が存在しない、ということに「何か怪しい」と疑って証拠を検討しなければならない。

4　控訴理由書

　控訴理由書では、この念書の偽造と弁済の主張の補強を中心にＩさんの主張・立証を展開することにした。

　念書の偽造は、ビジュアルに理解できるわかりやすい主張である。

しかし、よくもこう手の込んだ偽造文書を使って裁判所を騙し、本来請求できない権利を実現しようとする輩も世の中には存在するものだと感心した。

　同時に、控訴審では、原審で立証が不十分であった、弁済時の目撃者の陳述書の再作成と人証調べを申請した。一審では、目撃証人がこの事件にあまりかかわりたくないという希望もあり、表面的な記述にとどまる簡単な陳述書が提出されていただけであった。

　控訴審では、目撃証人に裁判への積極的協力をお願いし、目撃した様子をこと細かに陳述書に仕上げ、当時の関係者の位置関係や距離を図面に落とし込み、写真撮影報告書を作成し、法廷での尋問を申請した。

5　裁判所の心証の雪崩現象

　やはり、裁判所の心証に雪崩現象を引き起こしたのは、念書の偽造についての動かぬ証拠の提出と主張であったと思われる。確かに、念書がＩさんの手によって作成されたものではなく偽造されたということが反証できたとしても、原審でＩさんは連帯保証の成立を認めている。偽造だけでは勝てない事案ではあったが、裁判所に本件のストーリーの把握にパラダイムシフトを起こさせた。

　そして迎えた第１回公判期日。何としても一回結審で終結させられては困ると思いつつ法廷に臨んだが、裁判所は一審審理経過の再検討を宣言し、控訴人Ｉさん側からの目撃証人の証人申請を採用した。

　目撃証人Ｓさんへの尋問は、相代理人の磯部たな弁護士が行った。

　Ｓさんは、当日、被控訴人（一審原告）が捜査を受けている還付金詐欺の件で相談に乗ってほしいとのことで、Ｉさんから午後５時にＷホテルのロビーにある喫茶コーナーに呼ばれていた。

　Ｓさんは、約束時間より少し早めに喫茶コーナーに到着したが、Ｉさんと被控訴人は、先に別件で約束をしていたようで、喫茶コーナーのソファに座って何か話していた。

　Ｓさんは、２人の話を邪魔してはいけないと思い、３メートルほど

離れたところに座って、2人の話が終わるのを待つことにした。

　私たちは、Sさんに喫茶コーナーの見取り図を示し、2人が座っていた場所とSさんが座って待機した場所を記入してもらった。

　そして、2人の席とSさんの席の間には、視界を遮るものは何もなかったこと、Iさんが被控訴人に白い封筒に青色の線が入った紙袋を渡したこと、被控訴人が受け取った紙袋から帯のついた一万円札の束を数個取り出し床に置いてあったカバンにしまい込んだこと、その後被控訴人がIさんの面前で白い書類を破ってIさんに渡したこと、を詳細に証言してもらった。

　また、その後、Sさんは、2人の座っている席に移動し、その際に交わした会話についても証言してもらった。

　Sさんは、Iさんに対し、冗談で「一人で儲けないで、利益を回せよ」と声をかけたところ、「これは別です。利益じゃないです」「仕事の関係でお金を借りていたんです」との説明があったと証言した。

　Sさんの証言は、詳細で自然な流れで、信用性は極めて高いものであった。

6　和解協議

　尋問終了後、裁判所は、審理を終結して判決言渡し期日を言い渡すとともに、和解の勧告を行った。

　その後、数回にわたり和解協議が行われた。

　受命裁判官からは、心証の開示がないまま控訴人であるIさんに、半額程度の和解金の支払いの提案があった。被控訴人側は、受け入れる用意があるような雰囲気であった。

　Iさんと和解するかどうかを協議した。Iさんとしてもまた代理人である私たちとしても、念書を偽造して裁判所とIさんを陥れようとした被控訴人を許せないという気持ちでいっぱいであり、結局裁判所には、和解には応じないという以下のような上申書を提出した。

　　頭書の件につきましては、貴裁判所より和解勧告がなされ、控訴人と

対応について協議をいたしました。

　結論としては、控訴人は、和解による解決よりも判決による裁判所の判断を強く希望する、ということになりました。

　理由としては、本件の貸金については、平成●年●月●日に被控訴人に全額返済済みであり、控訴人としては、正義を貫きたいと考えているからです。

　本件については、当初投資であったお金を、後日準消費貸借に切り替えて借用証を被控訴人と訴外会社（●●株式会社）との間で交わしたことに争いはありません。

　平成●年●月●日の弁済の時に、上記借用証は破棄されているため、この借用証は証拠として本件訴訟に提出されていません。他方、控訴人個人の連帯保証念書は、結局原本が証拠提出されないのみならず、これは控訴審において控訴人が主張・立証したとおり、控訴人が他の文書に署名したものを加工・偽造した文書に他ならず、原本が存在しないのは当然です。

　このような卑劣な被控訴人の訴訟行為については、和解により解決するべきではなく、裁判所の公正な判断を仰ぎたいというのが控訴人の強い意思であります。

　裁判所としましては、上記の事情を十分ご斟酌の上、判決をなされますようお願い申し上げます。

　何回目かの和解期日。上申書を既に提出していたＩさんと私たち代理人は、和解室で口頭でも当方の見解を伝えた。受命裁判官も私たちの立場を理解してくれたようだ。

　そして、次のような言葉が裁判官から発せられた。

　「よくわかりました。和解は打ち切ります。Ｉさん、いい弁護士さんがついてくれてよかったですね。この事件はあなたの勝ちです。本当に弁護士さんがよくがんばりました。感謝しなさい」

　このように判決前に、裁判官から結論（見通し）が告げられることは、めずらしいことであり、こちらがびっくりした。

２週間後、判決が出た。

「主文
　　1　原判決を取り消す。
　　2　被控訴人の請求を棄却する。
　　3　訴訟費用は、第一、二審を通じて、被控訴人の負担とする」

　ドラマのような展開の、痛快な逆転勝訴判決であった（被控訴人
は、上告せず、判決確定）。

③　逆転のポイント
1　パラダイムシフト
　いずれにしても、念書の偽造という原審とは違う観点から事件をと
らえ直すことができたことが最大の勝因であり、裁判所にパラダイム
シフトを起こさせた要因だと思う。
　その意味では、先入観を持たずに事実を見ること、その際に何か心
にひっかかったこと、不自然さを感じること、すなわち自分の直観を
大切にし、事実を掘り下げて洞察していくことが大切である。
　そして、何か引っかかりを感じたところは、納得いくまで徹底的に
調査することも重要である。

2　目撃証言
　もう一つの逆転のポイントは、やはり目撃証人Ｓさんの出廷と証言
内容であった。
　当時の弁済状況をまるでその場にいるかのような臨場感あふれる証
言で再現したことが、裁判官の心証にも大きく影響した。
　このことは、Ｓさんの目撃証言や陳述書に関して触れた原審判決と
控訴審判決を読み比べても一目瞭然である。
　参考までに、一審と控訴審における、「主債務の弁済」（争点２）に
ついての判決理由を紹介しておく。

（原審）

（1）上記1（5）（6）によれば、被告は、本件債務の弁済のためと称してMから借り入れを行っているのであり、担保を提供するなどしており、借り入れが行われたことが認められ、また、被告が返済したとする当日、書類が破かれるのをSが見ている。しかし、S自身は、返済に立ち会ったわけではなく、被告が本件債務の借用書を破るところを見たわけでもなく、破られた書類を手にしてその内容を確認したような状況は見受けられず、同書類がただの紙切れだった可能性が否定できないから、これらの事実から本件債務の返済がなされたとはいえない。

（控訴審）

乙4、乙16、乙26、証人S及び控訴人本人によれば、訴外会社の代表者であった控訴人は、平成●年●月頃、Mに対し、Kから1000万円の返済を求められていると説明し、1000万円の借入れを申し込み、担保を提供するなどして、同年●月●日付けで、Mとの間で金銭消費貸借契約を締結し、同月●日に1000万円を借り入れ、同月●日、被控訴人の代表者であったKに対し、新宿のWホテル3階の喫茶店において、本件主債務の弁済として1000万円を支払っていたことが認められる。

この点に関する証人Sの証言は、具体的で、控訴人本人の供述とその内容が合致しており、不自然な点もなく、信用することができる。

（下線は筆者による）

④ 教訓

1　原審での自白の重さ

　この事件は、原審での連帯保証契約成立についての自白が、最後まで尾を引いた事件である。Ｉさん（及びその訴訟代理人弁護士）は、原審において、念書と連帯保証契約の成立を認め、争っていない。原審の判決書の中でも、Ｉさんは、自白したものとして扱われ、争いのない事実として連帯保証契約が記載されている。

　自白を撤回するのは、民事訴訟法上きわめてハードルが高い。①相手方の同意、②自白の内容が、真実に反しかつ錯誤に基づいている場合、③詐欺や脅迫など、刑事上、罰すべき他人の行為に自白するに至った場合、のみに撤回が認められる。

　争いのない書証は、ついつい原本でなくても写しで成立を認めがちだ。しかし、Ｉさん本人が署名した記憶がないのであれば、もっとこだわるべきではなかったか？

　この事件の相手方は、詐欺罪で逮捕された経歴のあるいわくつきの人物である。後から考えれば、文書の偽造など何とも思わない人物であるという警戒感をもって訴訟に臨むべき事案だったと思われる。

2　裁判官にどう見せるか

　残念ながら控訴審は、ほとんどの事件が一回結審で終了する。そのような中で、控訴した事件について、ひょっとしてこれは一審の誤審ではないか、少なくとも証拠調べが不十分であって場合によっては結論が逆になるのではないか、と思ってもらうための工夫が必要である。

　それは、控訴理由書の長さではない。論理をこねくり回し、複雑化したために、原審または当事者が見落としている基本的な観点や基本的な事実を、わかりやすい言葉で、またわかりやすい比喩を使って、裁判官の心に届けることである。

　その点で、本質をズバリと指摘すること、そしてそれを読みやすく見やすく心に刺さるようにどう表現するか、という姿勢が大切であ

る。

　本事件では、写しで提出された連帯保証の念書の文字が、他文書の
署名の合成であることを喝破し、準金銭消費貸借契約書の不存在、連
帯保証念書の原本が不存在の不自然さを指摘して、目撃証人により弁
済の事実を証明することによって、逆転勝利を勝ち取ることにつな
がった。

2 | 従業員地位確認等請求事件 （使用者側）

金融機関での着服事件。負けるはずはないと思っていた一審は、まさかの敗訴。職場秩序を守るためには、絶対に負けられない事件であり、控訴審での逆転にかけた事件である。

① 事案の概要

A県のY地方銀行での支店長の店舗新築お披露目パーティをめぐる祝い金着服事件である。

A県の中規模市にあるY銀行B支店は、店舗老朽化のため、店舗の建替えを行い、某月某日、本店幹部、支店職員も出席し、地元の有力顧客らを招待してお披露目パーティを行った。

B支店支店長であるXは、やり手の支店長で営業成績もよく地元の有力顧客からの人望も厚い人物であった。Y銀行では、このような銀行主催のパーティの際には、顧客からの祝儀を受け取らないこと、どうしても固辞することができない場合には、いったん祝儀を預かった上で、本部に報告すること、という指示を日頃から徹底していた。

Xは、上記の指示に従わず、有力顧客7名からの祝儀合計21万円をY銀行本部には秘したまま、私的に取得した。有力顧客の中には、これは銀行に対してではなく、世話になっているX個人への祝儀だからと述べて祝儀を交付した者もあった。

Xの複数の部下職員からの内部通報が本部にあり、本部は調査を開始した。

調査の結果、Xの祝儀着服の事実が確認され、懲罰委員会及び取締役会の議決を経て、Y銀行はXを降職及び降格処分にした。

これに対し、Xは、Y銀行に対し、地位確認請求の労働審判、その後、訴訟を提起するに至った。

② 逆転までの経緯

1　職員からの内部告発と相談

　Ｙ銀行の専務からＸに対する内部通報への対応について、相談がきた。

　専務によると、披露宴当日、受付で預かった祝儀袋数人分を職員がＸに手渡しで交付しており、またそれ以外にも直接Ｘが参加した顧客から祝儀を受け取ったところを複数の職員が目撃しているとのことであった。

　更に、Ｂ支店ではＸのパワーハラスメントが常態化し、誰もそれを制止できない状態が続いており、とりわけ若手の職員がいじめに近い処遇を受けて職場の雰囲気が悪化していることについても相談を受けているという。

　私は、事実確認を慎重に行うことをアドバイスし、祝儀を渡したとされる顧客らに対する裏付けの聴き取り調査と陳述書の作成・取得を指示した。

　その結果、複数名の顧客から、祝儀を受付で渡した、またはパーティの数日前に自宅にあいさつに来たＸに祝儀を渡した、との証言が得られ、それを陳述書にまとめた。

2　懲罰委員会での弁明手続き

　Ｙ銀行では、ＸをＢ支店支店長解任の上、本店総務部付に移動させ、着服の事実について本人からの事情聴取を行ったが、Ｘは、部下職員らによる虚偽の内部通報であり、祝儀を着服した事実はない、との否認の態度を貫いた。

　複数の職員の証言、祝儀を渡した顧客の証言がある中で、客観的な事実は否定のしようもなく、Ｘの態度は不合理極まりないものであった。

　調査は、就業規則に基づく懲罰委員会での正式な手続きに移行し、私も参加しての告知聴聞の手続きを開催した。

　その場においても、Ｘは、不合理な弁明に終始し着服の事実を認め

ることはなかった。

3　懲戒解雇か降格処分か

　懲罰委員会では、本件が金融機関として許されない金銭授受の不祥事であること、このような一部顧客との癒着が蔓延すると不正融資等の取り返しのつかない金融不祥事発生の温床になること、背景に支店内でXによるパワハラや独断的な支店運営がなされており、職員全体の士気の低下をもたらしていること、客観的な証拠を示して非違行為の弁明を求めているにもかかわらずXは、全く反省の態度を示さないこと、などを重視し、Xを懲戒処分とすることにした。

　処分の内容については、懲戒解雇とすべきとの意見も強かったが、Xの長年の功績も考慮して、一度だけは更生の機会を与えることとして、Y銀行はXを降職・降格処分とすることにした。

　同処分方針は、取締役会にも報告され、了承された。

4　降格処分を決定し、本人に通知

　Y銀行は、Xに対し懲罰委員会を経た取締役会の決定として、降職・降格処分とした旨を書面で通知し、社内に公表した。

　なお、処分の理由中には、Xによる部下職員へのパワハラの事実も指摘し、これを処分の考慮要素としていた。

　同処分により、Xは、顧客との接触のない庶務係勤務となり、降格により、年収は約30％の減額となった。

5　労働審判申立

　数か月後、Y銀行本部宛に、Y地方裁判所から労働審判の申立書及び呼出状が届いた。

　XがY銀行のなした降職及び降格処分を不服として、地位確認請求の労働審判を申立てたものだ。

　某月某日、裁判所で第1回労働審判期日が開かれた。審判官からは、Xの退職を前提とした和解案の打診があったが、懲戒処分を前提

とした退職か否か、及び和解金額について双方に大きな見解の相違が
あり、労働審判法24条により手続終了となり、通常訴訟に移行するこ
とになった。

6　本訴

　たたかいの場は、地方裁判所に移った。以下のような争点をめぐっ
て主張・立証、反論・反証が行われた。
　①祝儀着服の事実があったか、あったとしてその件数や金額はいく
　　らか
　②金融機関における廉潔性の重要性
　③パワハラによる職場規律の紊（びん）乱の有無とその責任
　④懲戒事由があったとして、懲戒事由に対する処分の相当性

7　一審不当判決

　一審では、原告X側から、祝儀を渡したと証言した顧客の、記憶違
いかもしれないという陳述書や、Xの降職・降格の撤回を求める顧客
の嘆願書が提出されたが、私としては、そのことによってかえって不
自然さが浮かび上がり、公共機関としての性格を有する金融機関にお
いて、一部顧客と職員との癒着の危険性を明らかにするものでしかな
いと思っていた。
　しかし、結果は、Xの祝儀着服の一部を認めながら行為と処分の均
衡を問題にし、地位確認の請求認容の不当判決であった。
　判決は、降職・降格処分前の支店長職相当としての地位、賃金、配
置転換を受けた職場での勤務を行う義務のないことを確認し、不当な
配置転換に対する精神的慰謝料の支払いを命じる完全敗訴判決であ
る。
　Y銀行としては、処分時に遡っての賃金・賞与の支払（バックペイ）
を命じられるとともに、今後の賃金・賞与についても処分前の水準に
是正し、配置転換をやり直す必要がある上、慰謝料までも支払いを命
じられた。

もともと、私の感覚としては、懲戒解雇処分としてもおかしくない事案だと考えていたが、社内において考慮すべき諸事情もあり、結果的に降職・降格処分という解雇に比較すると軽い処分を選択したつもりであった。

　処分事由に関する証拠も固めており、処分手続きにおいても万全なプロセスを踏んだ自信があったため、本件で懲戒処分無効の判断が出ることは予想だにしていなかった。

　会社は、即時（仮）執行停止の申立手続きを取り、高等裁判所に控訴手続きを行った。

8　取締役会での叱責

　私たち代理人弁護士は、一審判決後、Ｙ銀行の取締役会に呼ばれ、判決内容の説明を行った。

　「何で負けたんだ。万全の対応で懲戒処分をしたのではないのか？」と担当した私たち代理人にもある役員から厳しい叱責の声が飛んだ。

　「控訴して高等裁判所で、頑張ります」との私の回答に対しても、

　「高裁でひっくり返る事件なんてほとんどないでしょう。もう負けたも同然だ。懲戒なんかしなければよかったのに」

　という冷たい反応もあった。

　「裁判官が悪かったのです」との弁解が、のど元まで出かかるのをぐっとがまんして、「力不足ですみませんでした」と答えるのが精いっぱいだったことを鮮明に記憶している。

　高裁では負けられない、とこの席で改めて覚悟を決めることになった。

　企業法務は、そこでの失敗の影響は大きく、企業の代理人としては会社のために、どんな裁判官に当たろうとも、体を張って勝ち抜く覚悟が必要であることを改めて痛感した場面であった。

9　高裁でのたたかい

　一審判決は、以下のような理由でＹ銀行側を敗訴させていた。

①総額21万円の祝儀を着服したというＹ銀行の主張のうち、裁判所が認定できる祝儀の着服は、２件合計４万円に過ぎない。

②上記着服は、Ｙ銀行就業規則で禁止される「横領」に当たる。

③しかし、横領した祝儀は、金融機関として顧客から預かるなどした金員（預金）ではなく、祝儀を着服することの悪質性は、Ｙ銀行がその営業において預かるなどした金員を着服することの悪質性とは、おのずから異なる（悪質性の程度は低い）。

④Ｘ本人が着服の事実を認めず反省していないことを考慮しても、４万円の祝儀の着服で降職・降格の処分をすることは、重きに失する。

⑤その他パワハラ等の事実はあるが、職場内の雰囲気が悪くなるなどの事態が生じたとまでは言えない。

⑥庶務係への配転は、自主退職を迫るという不当な目的をもってなされたというべきであるから、本件配転命令は人事権の濫用であり、無効である。

　この一審判決の判決理由を読んで私が感じた、一審裁判官の心証の「歪み」は、以下の２点であった。

　一つは、「祝儀を着服することの悪質性は、Ｙ銀行がその営業において預かるなどした金員を着服することの悪質性とは、おのずから異なる」（③）という、認識の「歪み」である。顧客の預金を着服したわけではないのであるから大目に見てよいではないか、という甘い認識が根底にあることは明らかである。

　近時、地方銀行は、長期にわたる低金利政策と地方の経済不況の中で金余り現象が続いており、収益性が悪化し赤字に転落している地方銀行が多いと言われている。そのような中で収益確保を焦るあまりに、不正融資やコンプライアンスを無視した経営が問題視されていることは周知の事実である。

　地方銀行は、地域経済の要であり他の業種と比べてもその公共性は高く、とりわけ金銭を扱う事業としては、お金に対する廉潔性・透明性が重視される事業である。

たとえ少額であったとして、一部顧客との癒着が蔓延すると、本来融資基準を満たさない融資申し込みに対し、書類を偽造しての融資を行ったり返済に手心を加えたりという大きな不正につながりかねない。また、時によっては、一度小遣いを受領した弱みに付け込み、不正融資の申し入れを断れなくなるという事態も予想される。

　そのように考えると、たとえ21万円（一審の認定範囲は４万円）の祝儀であっても、金融機関としてあってはならない金銭の授受であると認定すべきであり、この点で一審裁判官の認識は、不十分であった。

　また、一審裁判官が、このようなX救済の心証に傾いた背景には、支店内での内部通報から始まった本件事件が、職員間の仲たがいであり、Xをよく思わない部下たちが、集団でXを排除しようとする不法な意図をもって動いているのではないか、という誤った背景事実認識があったように感じられた。

　しかし、もし企業が、今回のような横領着服、上司によるパワハラに対して、勇気ある内部通報を握りつぶし、あるいはあいまいな処分で臨んだとしたら、組織としてのモラルが崩壊するであろう。

　見つからなければ、私的に顧客から金銭を授受してもよい、パワハラがあっても会社は何もしてくれない、言うだけ損だ、という雰囲気が銀行全体に広がっていくことは火を見るよりも明らかである。

　高裁の審理では、一審判決が不十分であった着服の事実認定を再度主張立証するとともに、とりわけ以下の点を裁判所に強くアピールした。

10　共同受任した弁護士らから届いた44頁にも及ぶ控訴理由書

　本事件は、２名の他の弁護士と共同受任の事件であった。控訴理由書締切日の十日ほど前に、44頁にわたる詳細な控訴理由書案が上がってきた。力作である。

　この理由書を読んで、私は、もうひとひねりがないと裁判所を説得できないのではないかと考え、共同受任弁護士に以下のようなメールを送っている。

●●先生、▲▲先生。

　控訴理由書拝見しました。力作だと思います。膨大な準備を要したことを評価し、かつ、勝つためにどうすればよいか私のコメントを述べます。

１　全体で44頁の控訴理由書は、長すぎると思います。忙しい裁判官に控訴理由書と一審記録全部を見てもらうのですから、「簡にして要」の見どころを示すのが控訴理由書の役割です。経験上も長さと説得力は関係ありません。控訴審から受任した事件は、一審の代理人の不足を補う必要があるのでどうしても長くなりがちですが、それでも10〜20頁でまとめるべきと思います。

　数年前に、東弁の会報「リベラ」で高裁裁判官（刑事）の講演録が掲載されましたが、できるだけ短く書いてほしいという要望が書いてありました。控訴理由書を受け取った時、まず裁判官が気にするのは、頁数です。短ければ、時間を見つけて読んでくれます。

２　具体的提案としては、第１を控訴理由書としてまず提出する。可能であれば、第１をできる限り、圧縮してメリハリをつける。控訴理由書に、相当性、配置転換については、別途補充書を提出予定であると記載して、提出２週間後をめどに、補充書を提出する。

３　控訴理由書でのポイントは、公共性を有する金融機関としての廉潔性だと思います。このことを裁判官に理解させるには、次のような仮定問答を冒頭にもってくるのがよいかと思います。

　「ある地裁支部で、新庁舎が建設され支部でお披露目パーティを行うことになった。地元の有力者（電力会社社長）が、お祝いだと言って３万円のご祝儀を支部長である自分に渡そうとした。あなたは、受け取りますか」「居酒屋で、飲酒していたら係属中の刑事被告人が同じ店でたまたま一緒になり、裁判官にここは私が支払いますよ、と言ってきた。あなたはこれに応じますか？」

公務員である裁判官と民間の銀行員とは立場が違いますが、職務の廉潔性、「公正らしさ」を何よりも大事にする職業であることは裁判官なら一番よくわかることです。あの裁判官、あの信金支店長は、特定の取引先を贔屓していると思われる行動をすること自体を忌み嫌います。被控訴人の行った行為はそのような行為です。金額の多寡ではありません。一審判決でさえ4万円の祝儀の取得と秘匿を認定しています。3万円のご祝儀を個人的に取得した裁判官（支部長）、刑事被告人に居酒屋でおごってもらった裁判官に、引き続き裁判官として職務を続ける資格はあるでしょうか。この事件は、このことが問われる裁判です。

　このような訴えかけをすると、事件を身近に感じてもらえるのではないでしょうか。

4　どこを突けば結論が変わるか——加藤新太郎裁判官の話

　控訴理由書について、東京高裁で約6年裁判長（部総括）を務めた加藤新太郎さんが、現役の東京高裁第22民事部の裁判長時代に次のように述べています。参考にしてください。

　「当事者としても、控訴理由で、どこを突くかを明確にすることが求められますが、そこがきちんとされれば、普通は裁判官も見落とすことはないだろうと思います。ところが、現実には、控訴理由書において、一審判決のどこを突けば結論が変わるかをあまり考えず、最終準備書面をコピー・アンド・ペーストしたようなもの、一審と同じく総花的主張を繰り返すものが少なくありません。肝心な的を射た主張が一つでもされていれば、見直し方向に効くのですが、総花的主張をして、それを埋没させてしまうのは控訴理由書としては避けたいところです。一審判決の内在的な論理をきちんと理解して、どこを突けば結論が変わるかを見て、証拠弁論的な弁論を展開して控訴理由に組み立てることが必要なのです。それが説得的であれば、被控訴人も反論しにくいし、裁判所も『この点は、どうですか』と、相手方に尋ねやすい。昔ながらのやり方ではなく、争点中心審理に変わったわけですから相応する控訴理由の書き方をすべきであると思います」

（『実務民事訴訟講座［第3期］第6巻』「上訴・再審・少額訴訟と国際民事訴訟」10〜11頁）

　なお、加藤新太郎元裁判官（現在弁護士）は、私が司法修習生の時代の司法研修所の事務局長を務めていた方である。

11　控訴理由書での主張

　その結果、控訴理由書では、争点を絞った上、以下のような書き出しで主張を展開した。

　以下は控訴理由書冒頭部分の一部抜粋である。

　1　本件は、金融機関である地方銀行の支店長が、支店店舗改装記念パーティに際し、地域の有力顧客らから受領した銀行宛のお祝い金を着服した非違行為をはじめ職場の規律を乱した諸行為に対し、使用者が職務規律違反を理由として、降格処分とした事案の有効性が問われる事案である。

　2　原審は、懲戒処分事由の有無について、被控訴人がA氏から3万円、B氏から1万円の祝儀を受領し、これを着服したことを明確に認定しているものの、Ⅰ係長が渡した祝儀17万円以上を受領したことを認めるに足りる証拠はないとしている。

　また、少なくとも4万円の着服を行っていることを認定しながらも、本件懲戒処分は、重きに失するものと言わざるを得ないと、その相当性を否定している。

　さらに、原審は、配転命令は、被控訴人に自主退職を迫るという不当な目的をもってなされたので人事権の濫用として無効であると判断している。

　3　想像してみてほしい。もし、地裁の支部の支部長である裁判官が、支部庁舎の改装パーティに際して、地元の有力者（金融機関や電力会社、地方を代表する有力者など）から裁判所にお祝い金を持ってきたと仮定した場合、その裁判官が数万円であってもこれを上に報告せず、私

的に着服した場合、その裁判官は、職務を続けることができるであろうか。

　また、ある裁判官が、たまたま審理継続中の刑事事件の被告人と居酒屋でばったり一緒になり、当該被告人から数千円の勘定をおごってもらったとした場合、その裁判官は、職務を続けることができるであろうか。

4　本件で問われているのは、これと同じ問題である。裁判所、金融機関は、公務所、民間という違いはあれ、極めて公共性の高い組織であり、高度の廉潔性の維持が要請される組織である。裁判所は、いわゆる「公正らしさ」を常に要求されており、とりわけ金銭の授受により「公正らしさ」に疑義を持たれると、国民の信頼を喪失し、かつ組織内部のモラルは著しく低下をしてしまう。

　同じことは、地方に根をはり地域の産業発展に寄与することを目的とする銀行においても妥当する。

5　これまで、地方銀行をはじめとする我が国の金融機関では、このような社会的使命とそこに内在する公共性に鑑み、金銭的な廉潔性の保持に関しては、その金額の多寡を問わず厳しい規律と処分で対処してきた。

　廉潔性を保持できない職員に対して、その責任をあいまいにすることは、公器たる地方銀行の地域社会での信頼を失墜し、銀行内部においては真摯に日々業務に従事する職員らの士気を崩壊させることになる。

　その意味で、裁判所の本件に対する判断は、単なる控訴人の問題にとどまらず、わが国の金融機関の規律と組織の維持に重大な影響を及ぼすものである。

6　このような観点から、控訴人は原審の判決を受容することはできず、本件控訴に至ったものである。

　以下に詳述するとおり、原審の上記事実認定及び評価には、いずれも重大な誤りがあるので、速やかに原審の判断は取り消されるべきである。

12 和解勧告

　高裁は、第1回期日において、追加主張と追加証拠の取り調べを行った上で結審し、職権で和解の勧試がなされた。

　裁判所、裁判官は、「職務の公平性とそれに対する国民の信頼」という言葉に敏感である。それは、猿払事件最高裁判決（【資料6】「③最高裁判決」参照）を挙げるまでもなく、日々の裁判官との接触の中で私たち弁護士が一番実感していることである。そこへどう切り込むかが、この事件の逆転勝訴の鍵であると私は考えた。

　銀行を裁判所、支店長を地方裁判所支部の支部長に置き換えて、Xのような行為が、本当に公共の職にある職員として、許されることなのか、これを自分の問題として裁判官に受け止めてほしいと考えた。

　和解では、裁判官室に呼ばれたY銀行の取締役と私たち代理人に対して冒頭から逆転勝訴の心証開示がなされた。

　受命裁判官からは、「裁判所の例が書かれていましたね。その通りだと思います」という発言があり、Y銀行勝訴の心証の理由が述べられた。

　入れ替わりで裁判官室に入ったXとその代理人弁護士にも、判決になった場合には原判決を取り消し、X敗訴となる心証が開示されたようで、降格処分有効を前提として解決金支払いによる退職の和解勧告がなされ、控訴人・被控訴人ともにこれを受け入れることになった。

　本件は、懲戒解雇も十分に考えられる事案ではあったが、銀行内部での様々な事情を考慮して降職・降格処分にとどめた事案であった。結果的には、Xの退職という結果を得られ、解雇と同様の効果を得ることができたことに、依頼者であるY銀行も大変喜んでくれた。

③ 逆転のポイント

1　依頼者の利益のために最善を尽くす（背水の陣）

　裁判は、裁判官の当たりはずれもあり、途中で想定していなかった不利な証拠が出てきたり、とやってみないと勝負はわからない。勝ち筋だと踏んだ事件でも今回のようにとんだ敗北をすることもある。

しかし、本当のたたかい、弁護士としての真価は、不利な局面や負けてから、どう巻き返すかだと思う。

　今回の事案は使用者側の労使紛争事案だが、この事件が勝つか負けるかは、一つにはＹ銀行の規律を確保し、職員の士気を維持できるかどうかについて、重要な意義のある事件であった。

　解雇というと、労働者がかわいそうと思われるかもしれない。しかし、Ｂ支店の職員は、営業成績が突出し、顧客にも人気のあるＸのある意味思いあがった独断的態度や不正行為に対して日々嫌気を感じながら出勤していた。職員にとっては地獄の日々であった。これに対して、銀行のトップが、企業秩序を守り、かつ誠実に働いている職員の職場環境を守るために断固とした対応を取れるかどうかが問われていた。

　三国志の中に「泣いて馬謖を斬る」ということわざが出てくる。Ｙ銀行にとって、Ｘは有能な幹部職員で、実際Ｘを切ることにより有力な顧客が同銀行から離れていった。預金も融資も全部引きあげる結果となった。将来の役員も嘱望されていたＸであるからＹ銀行にとっての人材面からの損失は多大なものである。

　しかし、銀行という組織としては、内外の規律・ルールを遵守することでこそ顧客の信頼は得られるし、公正・公平な人事政策が実行されてこそ職員たちは、この会社で働いていてよかった、と経営者に信頼を寄せることができる。

　本件事件によって、Ｙ銀行は、一時的には大きな損失を受けたが、組織に正義が貫かれることによって、職員の求心力を回復することができた。失った損失は将来的に回復することができるだろう。逆に行内の不正や不祥事をあいまいにしていたら、それこそ取り返しのつかない重大な不正に発展していた可能性があった。

　そのような意義を私もよく理解していたので、本当に負けるわけにはいかない、背水の陣で取り組んだ事件である。

2　裁判所が理解できるストーリーをわかりやすく説明する

　既に述べたように、本件の最大のポイントは、事実認定での誤りの主張・立証、とりわけ公共機関としての金融機関の廉潔性について、裁判所・裁判官も実感できるように比較しながら熱く論じる、という点であった。

　同じことを裁判官がやったら司法の廉潔性はどうなるか、という琴線に響く訴えかけ、裁判官にイメージをもってこの事件の特徴を摑んでもらうという努力が功を奏することになった。

3　裁判官に響く書面

　また、上記とも関連するが、やはり書面はできる限り簡潔にわかりやすく書くことが必要である。

　もちろん事案にもよるので、一概には言えないところがあるが、一般の民事事件でいうと、10頁～20頁（1万字～2万字）の理由書、準備書面で自分の言いたいこと、事件のポイントを指摘できないというのは、事件の捉え方や着眼点、重要争点を理解していないでダラダラと無駄なことを書いていると考えたほうがよいのではないか、と私は思う。

④　教訓

1　企業秩序と労働者の人権

　人権弁護士というと、労働者側でなければならないという誤解がある。私はそうは思わない。

　不当な解雇や職場での人権侵害はもちろん許されない。しかし、労使の紛争には、労働者側に非がある事件も多々あり、企業がその秩序を守るために適切な防御措置をとることは組織として当然であり、その結果、他の労働者の権利や利益を守ることにもつながる。

　私は、多くの企業、特に中小企業の顧問弁護士をしているが、中小零細企業の経営は不安定であり、多くの経営者は様々な苦労をしながら事業経営を行っている。そして私の顧問先企業の多くは、もうけ第

一主義ではなく、地域社会への貢献や働く社員・従業員の幸せを大事にした経営を志している。もちろん、経営資源が潤沢にあるわけではないので、社内の労働環境の整備などに問題のある顧問先も存在する。

　そのような中で、法律家・弁護士として一つ一つの問題解決に必要な法的アドバイスを提供しながら、企業を発展させていくことは大事な弁護士の役割であると考えている。

2　企業法務こそ鋭い人権感覚とバランス感覚が必要

　企業法務に携わる弁護士こそ鋭い人権感覚が必要とされる。

　近時、グローバル化やダイバーシティ化が企業経営にとって避けては通れない課題となっている。しかし、日本の企業のこれらの課題に対する対応は、世界標準から見れば一周遅れの感は否めない。

　女性が生き生きと働ける職場をどうつくるか、障がい者がその能力を発揮して健常者と一緒に働ける職場をどうつくるか、外国人と日本人が同じ職場でどうやって新しい可能性をつくっていけるか、職場にＬＧＢＴの社員がいる時に彼ら彼女らをどう巻き込んで新しい価値を創造できるか、刑期を終えて社会復帰した受刑者に日本の企業は社会復帰の場をどう提供できるのか。

　企業が直面するこれらの現代的課題に取り組むには、人権感覚が豊かな法律家の関与は不可欠である。

3　働きやすい職場をつくることこそが、企業発展の道

　企業は、日本人あるいは人類の大多数が一日の少なくとも３分の１の時間を過ごす場所である。その職場が、生きがいを感じ、幸福を感じ、自分の成長と自己実現を図れる場となるか、それとも、終業時間まで、次の休日までのひたすら耐え忍ぶ我慢の場となるかは、人類にとってとても大事な問題である。

　弁護士は、企業の発展のためには、従業員・社員にとって、職場を地獄にしてはならない。

仕事をしていて楽しいと感じる職場の実現こそが企業発展の道であることを伝える、そして一緒に考える職業だと私は思っている。

3 | 解雇無効確認請求事件 （労働者側）

　どう見ても、明らかに負け筋の事件である。相談を受けた弁護士たちが受任を断るのもうなずける。

　しかし、どう見ても負け筋の事件であっても、依頼者に寄り添った負け方もある。最小限の被害でうまく転ぶには？

① 事案の概要

　Kさんは、地域の総合病院で勤務する勤続35年のベテランレントゲン技師である。

　ある日、病院のレントゲン室に盗撮用の携帯電話カメラを設置して女子職員の更衣を撮影しようとしたとして、懲戒解雇された。

　処分の無効を争いたいと、事務所に依頼の相談があった。

② 逆転までの経緯

1　レントゲン室（女子職員の更衣室と兼用）に隠しビデオ

　レントゲン技師であった原告Kさんは、レントゲン室に携帯電話の隠しビデオを設置した。この病院では、女子職員専用の更衣室がなく、Kさんの勤務場所であるレントゲン室を、朝礼までの時間帯は女子更衣室として利用していた。

　ある日、そのレントゲン室に携帯電話のビデオが設置されていることを更衣中の女子職員が発見し、病院の管理者に報告する。

　原告Kさんは、懲戒解雇となり、退職金1200万円超は不支給となった。

2　名だたる労働弁護士に相談に行くも、断られる

　Kさんは、労働事件で著名な都内の法律事務所を渡り歩き、何人も

の弁護士と相談をするが、どの弁護士にもこの事件は勝てないと言われ、依頼を断られ続け、最後に知人の紹介で私に相談に来た。

　確かに、話だけを聞くと、客観的には状況は極めて不利であり、懲戒解雇もやむなしという事案であった。

3　受任するか、断るか

　Kさんは、妻と一緒に相談に来た。見た感じは、誠実でまじめそうな人である。この人が盗撮をするなんて、とても考えられない。何か、その背景に深い理由があったのではないか。

　私は、とりあえずKさんの弁解・説明に耳を傾けることにした。

　ここで紹介する事件もそうであるが、私の下には、他の弁護士に断られて最後の頼みの綱と頼って相談に来る依頼者が多い。また、顧問弁護士はいるが、事件の進め方や方針が合わない、という理由で受任をしてほしいという会社や個人の方たちも少なからずいる。

　もちろん、他の弁護士が断ったのには法律専門家としてそれ相応の根拠・理由があるだろう。私も無理筋の事件を何でも引き受けるわけではない。

　しかし、このような事件相談は、私が最後の頼み、というケースが多い。目の前の依頼者を見放して泣き寝入りしてもらうか、困難だけれども受任して一緒に困難を突破するか、いつもその選択に迫られる。

4　息子の非行の現場証拠を押さえるための練習

　Kさん夫婦には、家庭内に抱える深刻な悩みがあった。中学生になる一人息子の非行である。Kさんの自宅マンションでは、食器棚の引き出しに日常の集金等の支払いに備えて、現金を入れた財布を保管していた。

　しかし、最近その財布の残金がどう見てもおかしい。夫婦のどちらも使っていないのに、入れておいた一万円札の枚数がいつも合わない。

そのうち、中学3年生の一人息子が、夫婦が不在の時に抜き取っているのではないか、という疑念を持つようになった。しかし、多感な年代の男の子である。何の証拠もなく、我が息子を犯罪者扱いするわけにはいかない。もしかしたら、財布の1万円札の枚数が合わないのは、Kさん夫婦の勘違いかもしれない、という思いもあった。

息子は、高校受験を控える中学3年生である。学校でも友人関係でつまずき、なかなか勉強にも力が入らない様子であった。受験をめぐって、両親とも言い争いになることも多く、下手に息子を追い詰めると、それこそ取り返しのつかない事態、家庭崩壊にもなりかねないと悩んでいた。

そこで、Kさんが思いついたのが、携帯電話のビデオ撮影機能を使って、夫婦が不在中の息子の行動を隠し撮りし、1万円札抜き取りの証拠を摑もうということである。

Kさんは、レントゲン技師ではあるが、機械には弱く、携帯電話の機能にも詳しくない。知人から、携帯でビデオ撮影ができることを聞いていたが、どうやったらうまく録画できるのか、全く不案内であった。

息子がいる自宅で、操作を試してみるわけにはいかない。そこで、自分がふだん勤務先の病院で使用しているレントゲン室で試し撮りしてみることを思いついた。ちょうどレントゲン室の戸棚と自宅の戸棚は、似たような造りになっており、部屋の広さも類似している。これでうまく撮影できれば自宅で証拠の確保ができるかもしれない。

そういう思いで、Kさんは、ある日職場のレントゲン室に携帯カメラを設置し、ビデオ撮影ができるかどうかを試すことにした。

5　客観的状況は不利ではあるが、原告の言い分にも一理あり

ここまでの話を聞いて、Kさんの言い分も頭ごなしに否定できないと私は思った。

しかし、客観的な状況はKさんに極めて不利である。

レントゲン室は、早朝は女性職員のための更衣室に使用されている

ことは、Kさんを含めて職員全員が知っていた事情である。いくらK
さんがそれ以外の時間帯にレントゲン技師として専用的に使用してき
た部屋とはいえ、裁判所で、息子の非行を突き止めるために隠しビデ
オを設置したという弁解が通るはずがない。

　相談を受けた他事務所の弁護士が、依頼を断るのは無理もない話で
ある。

　しかし、説明するKさんの態度は、全く悪びれた様子はなく、たん
たんと真実を話しているようにも見受けられる。

　よくよく考えてみると、盗撮を決意した人が行った犯行だとする
と、その犯行態様は、あまりにも幼稚である。普通は、盗撮行為がば
れないように細心の注意を払うのが犯罪者というものだ。そして、万
が一犯行が見つかった時のために逃げ道を考えておくし、なるほどと
思わせる弁解を用意しておくものだ。

　しかし、Kさんの場合は、自分の携帯電話を使い、いかにも簡単に
見つかる方法で無造作に携帯カメラのビデオをセットしている。発覚
直後、朝礼を終えてレントゲン室に戻ったKさんは、自分の仕掛けた
携帯電話がないことに気が付き、周囲の職員たちに、「おれの携帯電話
が見つからないがどこに行ったか知らないか？」と聞いて回っている。

　管理者から、携帯電話のビデオ隠し撮りについて質問されると、ビ
デオを設置したことを認め、息子の非行を突き止めるための試行撮影
であるということを何の悪気もなく即座に認めている。

　ここまでくると、よっぽど間抜けな犯罪者か、その真逆で、本当に
Kさんには女性職員の更衣の盗撮意図はなかったのではないかと思え
てきた。

　仮にそうだとすれば、35年間誠実に勤務してきて、まだ子どもの教
育費も稼がなければならないKさんが、盗撮の濡れ衣を着せられ、
1200万円の退職金が没収（不支給）となる処分を甘受するのはあまり
にも重いし、均衡を欠く。

　何人もの弁護士に断られても、あきらめずに処分を争おうとするK
さんの態度を見ていると、本当に盗撮の故意があるのであればもう

とっくにあきらめているはずであろう、とも感じた。

　こう考えて、私は、極めて困難な事件ではあるが「引き受けましょう」と、代理人を引き受け、解雇無効＝従業員の地位確認請求の裁判を提訴することにした。

6　ちかん冤罪事件で学んだ供述分析が役に立つ

　この訴訟で、一番役に立ったのは、本章「7　西武新宿線ちかん冤罪事件」で学んだ供述分析の手法である。

　Ｋさんには、犯行動機が存在せず、もしＫさんに盗撮の故意があったとすれば、極めて稚拙で間抜けな犯行態様である。およそ犯罪を起こす者としては、あり得ないほどの間抜けな犯行である。準備書面では、故意でこのような行為を行ったとしたら、いかに滑稽な事案であるかということを裁判所に理解してもらうことに力を傾注した。

　他方で、Ｋさんの家族環境や性格、人格とも絡めて、Ｋさんの弁解が終始一貫したものでそこにブレや矛盾がないこと、浜田寿美男奈良女子大学名誉教授が解明した「ねつ造能力を超える」Ｋさんの弁明や供述の信用性を主張立証していった。供述の信用性は、供述が具体的であるとか、臨場感があるとか、迫真的であるとかというのも真実性の指標ではあるが、実際に体験しない者がそれを想像で語れる範囲を超えているかという厳密な判断が必要であると浜田名誉教授は説いている。

　この事件には、家族の協力も必要不可欠であった。妻には、Ｋさんと30年以上連れ添ってきた伴侶として、Ｋさんの人柄や性格、そして弱点についても陳述書と法廷で語ってもらった。とても一本気でまじめな性格で、一つのことを考え出したら時に周りのことがわからなくなり突っ込んでしまうという性格や過去のエピソードも紹介してもらった。

　つまりは、息子を非行から立ち直らせたい、そのためにビデオで証拠を確保したい、一度Ｋさんがそう思い立つと、周囲のことは頭から抜け落ち、ビデオ撮影のことだけが頭の中心に観念されてしまうということである。

ビデオをレントゲン室に設置した時点で、Kさんの頭には、その場所が女子職員の更衣室として使用されているという事実はすっぽりと抜け落ちてしまっていたのである。

　また、この事件では、息子の協力を得ることもできた。高校受験を控え、父親が懲戒解雇され退職金も不支給となり、Kさん一家は、経済的にも精神的にもどん底に追いやられそうになった。その原因をつくったのが自分だったなんてと、家族会議を重ねる中で、息子は、ゲームソフトを買うために自宅の戸棚にある財布から、何度か１万円札を抜き取ったことを認めた。そして、自分を更生させるために父親が証拠ビデオを撮ろうとして職場で撮影の試行実験を行い、これが原因で失職してしまったことを聞いて、二度と親には迷惑をかけない、裁判にも協力すると陳述書を作成してくれた。

7　証拠調べ

　証拠調べでは、Kさん本人が、軽率な行動で職場に迷惑をかけたことを謝罪するとともに、女子職員の更衣を盗撮する意図がなかったことを証言した。

　また、妻は、Kさんの性格を立証するとともに、今回の懲戒解雇で将来の生活設計と家庭生活が深刻な状況にあること、息子も含めて家族でこの難局を乗り切ろうとしていることを裁判官に訴えた。

8　裁判所の和解勧告⇒和解成立

　証拠調べの後、裁判所は原被告に和解勧告を行った。請求棄却ではなく、少しでも退職金が確保できればとの思いから提訴した事件である。

　裁判官の提示した和解案は、びっくりするような内容であった。原告Kさんの主張をどこまで信じてくれたのか、確かめようはないが、最大限Kさん家族の現状に配慮してくれた和解案であったことは間違いない。

　第１項　原告は盗撮の事実を認め謝罪する。

第2項　病院は懲戒処分を撤回し、合意退職とする。

第3項　病院は、Kさんに退職金の90％相当額である1100万円を支払う。

という提案である。

病院側も、この和解案を受諾してくれた。

絶体絶命の負け事案であったが、やれることはやりつくし、その主張が裁判所にも届き、勝ち取ることができた逆転和解である。

③ 逆転のポイント

1　事実をどうみるか

ポイントの第一は、経験則は大事だが、必ず落とし穴があるということである。事実は小説よりも奇なりというが、私たち弁護士は、その言葉をいつも具体的事件の中で体感する。経験則には、原則もあれば例外もあるということを忘れてはいけない。

一つの事実も、ある条件が加われば、また別の視点から検討すれば、違う結論になることもある。

騙されることも多々あるが、依頼者・相談者の訴えには、先入観を排して虚心に物事の本質、真実を見極めようとする姿勢が極めて重要である。

2　図地分節

この事件では、供述心理学の知見を駆使して裁判所に、Kさんの心理状況への理解を促した。

「ルビンの壺」というのをみなさんは、ご存じだろうか。図の外側に意識がいくと壺は二人の付き合わせた顔に見える。図の中央に意識がいくと写真は壺に見える。一度、人間が認識した意識は、最初のイメージを保とうとして、顔は顔、壺は壺にしか見えない。

心理学でよく使用される「ルビンの壺」は、人間の知覚・認識や記憶のあいまいさ、不正確さを説明する時に使われるものだ。

人間の脳は、ビデオカメラではない。人は、見えているものを見て

いるのではなく、見たいと思ったものを見て知覚するものだ。「今朝の通勤電車で、向かい側の席に座っていた人はどんな人か？」と聞かれても、確かに見ていたはずだが、何かのアクシデントがあって向かいの席の人を注視したわけでなければ、それは記憶には残らない。目撃証言の怪しさは、そこに存在する。

　同じように、Ｋさんの意識の中では、あくまでも職場のレントゲン室は自宅のリビングに類似したレントゲン室であり、女性職員が更衣する更衣室ではないのである。あくまでもレントゲン室あるいは自宅リビングであり、更衣室は意識の外にある。

　このような心理分析の力を借りてはじめて、Ｋさんの「意味不明」な行動を合理的に説明できる。

（ルビンの壺）

3　和解条項第１項の謝罪文言

　本件の和解条項第１項は、原告Ｋさんが盗撮の意図を認め謝罪するとなっている。そして、第２項では、謝罪を受け入れ懲戒解雇を撤回、第３項は退職金の一部（90％）を支払うということになった。

　ある意味、病院側の顔を立ててＫさんには、謝罪をさせた上で、今後の生活を考えて病院に退職金を支払わせるというバランスを取った和解条項である。

　もちろん、第１項を蹴って判決を求めることもできただろう。しかし、当方のダメ元での訴訟提起に対して、裁判所は最大限の救済措置を考えてくれたものだと理解した。判決になれば、ほぼ100％敗訴し

た事案である。

　第１項を受け入れてでも、Ｋさんの生活利益を守ることが重要であった。その点は、Ｋさんも理解してくれて、本件の和解に至った。つくづく泣き寝入りさせなくてよかったと思えた事案である。

　今頃Ｋさん夫婦と息子は、どうしているのだろう。

４ 教訓

1　家族の協力

　絶体絶命のがけっぷちにいたＫさんを救ったのはやはり、妻と長男の２人の家族の協力であろう。妻も長男も、父親の言うことなど信じられない、という態度であったら今回の和解案の提示はなかったものと推測される。

　これは、この事件に限られる教訓ではない。困難な事件は、常に孤立したたたかいが強いられる。当事者一人の力では、越えられない壁が立ちはだかる。それは、財政的・経済的な困難だったり、社会や組織・集団からの排除であったりする。その環境からくる精神的な孤立やストレスとたたかわなければ勝利は勝ち取れない。

　そんな時に、家族や友人などその当事者を支えてくれる味方がいるかどうかは、たたかいを進める上で、とても重要な要素である。

2　スキーマ（経験則）を打ち破る

　外形的に見れば、またいわゆる「経験則」に基づけば、形勢は不利な事件であった。しかし、経験則はあくまでも経験則で、その経験則を打ち破る別の見方、ストーリーを説得的に論じる努力を積み重ねたことがもう一つの教訓であろう。

　「更衣室」に携帯電話の動画を仕掛ければ、それは、普通は盗撮と評価されるであろう。しかし、覆す論理を提示しなければ、この事件は突破できなかった。

　この事件ではそのために、心理学的なアプローチを利用することにより、事件の別の解釈の可能性を提示することができた。

4 マンション建替え決議 無効確認請求事件

40年、50年前に建てられた老朽化マンションの建替えは、今、大きな社会問題となっている。多数の区分所有者の一生の住居の確保と利害が複雑に絡む難しい問題である。

この事件は法の趣旨を潜脱したマンション建替えにストップをかけた事案である。なお、最初にいただいた着手金は1万円であった。

① 事案の概要

オーナーが区分所有権の過半数を所有するマンションでの事件である。

現在、多くのマンションで老朽化が進み、マンションの建替えが議論されている。建物の区分所有等に関する法律（以下、区分所有法という）62条1項は、マンションの建替えのためには、集会において、区分所有者及び議決権の各5分の4以上の多数で建替え決議をすることを要求している。

議決権は、通常区分所有権1戸に対し1議決権が与えられる。一人の所有者が、例えば10戸の区分所有権を有している場合、10議決権を有することになる。

他方で、区分所有者すなわち頭数でいうと、10戸の区分所有権を持っている人は、1票しか持たない。

そこで、一人のマンションオーナーが複数の区分所有権を有している場合、これを人為的に分散して頭数を増やして区分所有者の5分の4以上の票を獲得し、マンションの建替えを推進するという行動に出ることになる。

本件は、建替え決議（議決権数の5分の4以上）を確保するためにオーナー企業が会社分割を使い、その区分所有権を多数の分割会社に

譲渡して、頭数を確保した上で、建替え決議を議決し、建替え反対区分所有者に対して低額での買取を要求した事案であり、私は建替え反対区分所有者からの依頼を受けて、マンション建替え決議無効確認の訴訟を提起した。

2 逆転までの経緯

1　弁護士が誰も引き受けてくれない

　マンションの建替え反対の区分所有者ら5名が私の下に相談に訪れたのは、管理組合が、建替え決議に基づき、区分所有者らへ低額の査定価格で売却を迫っている時であった。

　繰り返しになるが、区分所有法では、総会において、議決権数及び区分所有者の5分の4以上の賛成による建替え決議が可決されると、マンションの建替えができることになっている。形式的には、このマンションでは、立派にその要件を満たした総会決議がなされていた。

　相談者らは、何軒も法律事務所に相談に行ったが、資料を見て検討したどの弁護士も決議が有効に成立している以上、結論をひっくり返すのは法律的には難しいとの回答で、誰も引き受け手がいないということであった。

2　登記簿と住民票を調べてみると

　確かに、総会議事録を見ると、区分所有者35名中28名の賛成及び議決権の86.21％で、区分所有法62条1項の建替え決議要件をクリアしている。

　しかし、過去の総会議事録を遡って見ていくと、半年前の時点では、区分所有権のうちマンションのオーナー会社が多くの区分所有権を1社で所有しており、議決権者は17名にしかすぎなかった。わずかこの半年間に、区分所有者が17名から28名と11名も増えている。

　不思議に思った私は、不動産の謄本を調べてみた。やっぱり思った通りであった。オーナー会社が会社分割を行い、分割した会社にそれぞれの区分所有権を譲渡していた。更に、新しく設立された会社の商

業登記簿謄本を調べてみると、分割会社の代表者や役員は、オーナー会社の親族、本店所在地もオーナー会社と同じか親族の住所に設定されている。

　これは、5分の4の建替え決議要件を満たすことを専ら目的とした会社分割手続きであり、会社分割を濫用しての実態のない所有名義の変更手続きであることがわかった。

3　山野目章夫早稲田大学教授への相談

　早稲田大学の山野目章夫教授は、民法物権法の大家である。十数年前に別荘地の管理委託契約をめぐる紛争で、山野目教授に意見書の作成と鑑定証人としての尋問をお願いし、別荘地管理契約は、任意解除（民法656条、同651条）ができるという画期的な判決を勝ち取ることができた（本章「5　別荘管理契約事件」の南箱根ダイヤランド判決）。

　この事件以来、私の悪い頭で考えてもどうしても解決策が見つからない時、また理論的な根拠づけに不安な時にはしばしば、山野目教授を知恵袋として活用させてもらっている。

　今回も、区分所有法の建替え決議の趣旨から考えて、会社分割による区分所有者の頭数の確保は、法の趣旨の潜脱ではないか、という相談を行った。

　山野目教授からは早速、私の考えに賛成というメールが届き、提訴を行うことになった。

4　5人の原告による集団提訴

　当時、提訴前に5名の相談者に説明したレジメには次のような記載がある。私の頭の中にあった問題意識等を整理し、依頼者との打合せで提示したもので、これを基に訴訟の方針を立てた。また、後述するが、着手金は1万円と設定している。

1 問題点
（1）買い取り価格
（2）建替え決議
ア）区分所有法62条1項
　区分所有者及び議決権の各4/5以上の多数
　A社とB社が会社分割により区分所有者数を増やした。
イ）62条1項の趣旨
　1983年改正前の旧法では、特別の規定がなかったため、区分所有者全員の同意が必要であった。
　しかし、それでは区分所有者中1名でも反対があれば建替え自体が不可能となり、多数の区分所有者にとって不都合であるし、土地という資産の有効利用が阻害されてしまう。
　他方で、建替えを望まない少数の区分所有者の排除が不当な権利侵害をもたらさないようにする配慮も必要となる。
　そこで、少数者にとって、土地所有権や生活する場の剥奪という重大な結果が生ずることから、少数の区分所有者にも配慮しつつ、建替えを実現するため、厳格な議決要件として区分所有者と議決権の各4/5以上とした。この議決要件は規約その他の合意によって緩和することはできない。
ウ）A社及びB社が会社分割により区分所有者数を増やして議決要件をクリアする方法は、62条1項の趣旨を潜脱するといえる。
　実質は同一経営者が会社分割をすることで法人数を増やし、それによって区分所有者数を増やすことで4/5の分母に算入することは権利濫用（民法1条3項）と考えられ、決議要件を満たさないことになる。

2 対応
（1）総会に出席し、反対する。
（2）売り渡し価格の交渉
（3）建替え決議無効の訴え

3　適正な売却価格の基準

（略）

（2）建替え決議無効を前提とする場合、買い主は、建替組合ではなく、Ａ社ないしＢ社の地主側となる。その売却価格は、建替え決議が存在しないことを前提とした現在の市場価格を基準とすべきである。

　また、売却の義務はなく協力する立場であるから、移転費用等の実費も請求すべきである。

4　弁護士費用

（1）業務内容

決議無効確認訴訟（第一審）及び売買契約及び解決金取得交渉

（2）着手金（受任時にご負担いただく費用）１万円＋税

（3）報酬金（事件解決時にいただく成功報酬）

　①売買交渉が成立した場合

　　経済的利益（提示されている価格と実際に支払われる金額との差額）の15％＋税

　②決議無効判決、ないし提訴により建替えが、実行されなくなった場合

　　一時的終了（再決議の動き）か否かにより、協議する（着手金の２倍相当額）

＊訴訟が、控訴・上告となった場合、又は別訴訟が必要となった場合は、別途費用について協議

（4）実費　30,000円（過不足を終了時に精算いたします）

　結局、管理組合（≒オーナー会社）との事前交渉は決裂し、東京地方裁判所に建替え決議無効の集団訴訟を提起することになった。

5　**完全勝訴判決**

　東京地方裁判所の第一審判決は、原告側住民の主張を全面的に認める勝訴判決であった。被告は、即日東京高等裁判所に控訴した。

マンションの区分所有権は、いわゆる所有権としての経済的自由権にとどまらず、生活の場としての居住権、すなわち生存権としての性格を併せ持つ重要な権利である。他方で、企業の円滑な再編を目的として会社法が認めた会社分割の制度は、企業の経済活動を助けるための法技術に過ぎない。

　この事件での勝因は、区分所有法とそこに規定されているマンション建替え決議の厳格な要件の制度趣旨に遡って、マンション住民の居住権や生存権が、経済活動の便宜のための会社分割の制度により簡単に侵食されてはならないということを、丁寧に論証して裁判所を説得できた点だと思う。

　形式的・表面的な法律論にはまってしまうとどうしても出口が見えなくなる。そんな時こそ、そもそもこの法律は何の目的のためにあるのか、という原点に立ち返って、事件の解決のための解釈論を考え抜くことは、すべての事件で大事な心構えである。

6　訴外で和解

　高裁での審理が始まる前に、被告（控訴人）から訴外での和解の申出があった。

　交渉の結果、5人の原告区分所有者について、管理組合の鑑定評価価格の2.23倍の価額で買取りをしてもらい訴外で和解終了となった。

③　逆転のポイント

1　何かおかしいという直感を大事に

　この事件のポイントは、どの弁護士に相談しても無理と言われた事件を何とかなると相談者を励まして、受任に至ったことである。

　会社分割に、経済的実体が部分的でもあれば、分割と建替え決議は有効として請求が棄却される余地があった。

　しかし、区分所有法の建替え決議要件の制定は、会社分割に関する会社法改正よりもずっと以前であり、会社分割による区分所有権建替え要件の具備は、法が予定していない事態である。

二つの異なる法律の改正、衝突が発生した時、果たしてどちらの法の趣旨が優先すべきか、という点が本質的な問題であった。

　区分所有議決権の多数を占めるオーナー会社が、建替え決議要件を具備するために、会社分割を利用したという珍しい事案ではあるが、このような地主が事実上管理する区分所有建物はいくらでも存在する。このような場合に、会社分割の濫用は許されないとする本判決のリーディングケースとしての意味は大きい。

　法の趣旨に遡っての立論の重要性を改めて確認した事案である。

2　集団提訴の工夫

　もともとこの事件は、ある一人の区分所有者からの相談で始まった。しかも、何人もの弁護士に相談して、この事案は無理と突き返された事案である。

　ある意味、依頼者が弁護士不信になっていたのもよくわかる。

　そんな相談を、何とかなるかもしれないと引き受ける弁護士に、依頼者は希望を見出す一方、「本当にこの弁護士は大丈夫なのか？」と不審がられたかもしれない。そのような事情もあって、まずは依頼してもらい一緒に動き始めることが重要であった。

　みなさんも、着手金1万円というのを見てびっくりされたかもしれない。普通は、1万円では受任しない。

　しかし、依頼者に話を聞くと、同じように本当に何とかなるのであれば、一緒に事件をお願いしたいと考えている区分所有者も他にもいると言う。

　当時のことを思い出してみると、「最初の負担が最小限で受任してくれるのであれば私も依頼したい」という区分所有者がいたために、このような料金設定になったのだと思う。

　他方で、解決した際の成功報酬は、経済的利益（現在の提示額から上乗せされた金額）の15％＋税として契約した。

　結果的に、総額で6000万円以上の経済的利益を獲得することができて、5名の原告も感動していた。

私も提訴から3か月以内に、依頼者の満足のいく解決を図ることができ、その結果それなりの成功報酬をいただくことができた。

④ 教訓

1　おかしいと思う事案は、お金にならなくとも引き受ける

　見たことのない事件や相談であっても、法律家として不正義でありおかしいという事件はできる限りその解決のために努力すべきである。理屈は、後から考えればよい。

2　その事件で、利益を回収しようと思わなくてもよい

　困難な事件は、依頼者のために一生懸命仕事をした結果、たとえ成果につながらなくてもよいと心得る。

　この事件は、たまたまいい結果を獲得することができた。しかし大事なのは、その事件を通じて自分の仕事ぶりを評価してくれるロイヤルカスタマーを増やしていくことであり、実際、この事件の依頼者とは今も関係が継続し、次々に新しい相談や紹介案件を持ってきてくれる。

3　同じような被害者がいる事案では集団的救済を追求する

　私の事件受任の一つの特色でもあるが、法律上の争点が共通する場合、できる限り集団で事件を引き受けるように心がけている。特に、一人で受任するには経済的利益が小さな事件の場合には、依頼者の経済的負担も大きくなるので弁護士費用もあまり多くは請求できない。しかし、それを集団化することによって、依頼者一人一人の負担額を小さくすることができるし、弁護士もまとまった弁護士費用を確保することができる。依頼者・弁護士双方にとってメリットは大きい。

　例を挙げると、未払賃金や残業代請求事件、別荘地の管理費問題（本章「5　別荘管理契約事件」参照）、詐欺被害事件などがそれにあたる。

　併合事件として処理すれば印紙代の節約にもなるし、準備書面や書証を共通化することによって実費も低額化できるし、訴訟経済上も有

効である。

　もちろん、人数が増えると意見調整や集団のマネジメントという労力は増えることになるが、マネジメントも弁護士のスキルの一つであろう。

　また、集団化することによって一人では収集できない証拠の収集も可能になるし、何よりも数の力、被害者やクレームがこれだけ多く存在するということ自体が立証方法そのものにもなる。

　もう少し長期的な視点で見ると、10人、100人、1000人と集団化して争うことは、弁護士にとっては、弁護士の有用性・利用価値を事件を通じて理解してもらう、ある意味絶好の営業の機会になる。それは、どんな立派な事務所パンフレットやホームページでの宣伝よりも、実体験をしてもらうことになるから、効果は比較にならないほど絶大である。逆に言うと、そこで信頼を失うような弁護活動をしてしまったら一気に信用を失うわけだから、こちらも真剣勝負である。

⑤ 私がマンション問題に関わるようになった経緯

1　自宅マンションでの紛争

　少し話は逸れるが、弁護士の専門性について触れておきたい。弁護士は、どんな分野で専門家になっていくのか？　それは、多くの場合、たまたま相談を受けてしまったため、取り組まざるを得なかった、というのが実際のところだ。

　私ももともとマンション管理問題や区分所有法を取り組みたかったわけではない。

　20年ほど前に都内に新築マンションを購入した。購入した住戸が101号室であったため、自動的に管理組合結成時の理事に就任した。

　ところが、不幸なことにマンション分譲後まもなく、施工会社が倒産し、1年もたたないうちに分譲会社も倒産した。理事兼弁護士である私は、入居以降、保証問題をめぐり破産管財人との交渉窓口となることになった（分譲会社の破産管財人は、幸いなことに私の司法修習時代の弁護修習でお世話になった修習委員の先生であった）。

そうこうしているうちに、管理会社の不正が発覚して管理会社の解任と新管理会社の選定にも関わることになる。

2　マンション管理新聞との出会い

ちょうどその頃、私は弁護士として労働者側で多くの労働事件を手がけていた。

ある日、足に障がいをもったマンションの管理人が管理会社から不当解雇される事件の相談が入り交渉を受任した。たかだか2万円の未払い賃金であり訴訟を起こすつもりは毛頭なかった。ところが、管理会社社長との交渉は、決裂。あまりにもひどい仕打ちに私も黙っているわけにはいかず、未払賃金支払いと従業員としての地位確認を求める訴訟を東京地方裁判所に提訴した。本人は、もう職場に戻るつもりはない。

当時、東京地裁労働部には、ほぼ毎週のように通っていたため、裁判官は私のことをよく知っている。某裁判官は、和解の席で社長を叱責し、次のように話したそうだ。

「原告代理人は、弱い立場の労働者のために一生懸命仕事をする正義の弁護士だ。そんな奇特な正義の弁護士の時間を奪ってはいけない。未払賃金の2万円を払って和解しなさい」と。

和解の数日後、相手方の管理会社社長から電話があった。これは、その時に聞いた話だ。

裁判官は、企業側であれ、労働者側であれ、その弁護士の生き方や仕事を本当によく見ているのだと思ったし、裁判官から一定の評価を受けているのだということを知ってとてもうれしかった記憶がある。

3　「となりの弁護士」の寄稿

この管理会社社長は、管理組合新聞という業界紙の社長も兼務していた。

「正義の味方、弱い者の弁護士であれば、ぜひ弱い立場のマンション住民のために力を貸してもらえないか」

そう言われて、その後さまざまなマンショントラブルの相談に乗ることになっていく。

　また、毎月の業界紙に弁護士としてコラムを書いてほしいと頼まれ、コラムの執筆を始める。タイトルは、同じマンションの隣に住む弁護士という意味で、「となりの弁護士」となった。

　今も毎月一回欠かさず、時々の法律問題や社会問題をテーマに「となりの弁護士」のコラムを書き続けている。

　その初回は、2003年5月号である。この初回が業界紙にコラムを書き始めた最初であったかどうかは定かではないが、約17年間、習慣としてコラムを書き続けているのは、この社長との出会いがあったからだ（今は、その会社も数年前に倒産している）。

　以来、マンション管理に関するNPOの理事なども務め、いつの間にか、区分所有法のエキスパートになってしまった。

5 | 別荘管理契約事件

別荘地の管理契約は、解除できないのか？
　近代市民法下の契約関係の中で一方的に義務のみが課され、他方の契約当事者には契約内容の変更等の権利が一切保障されない関係の有効性が認められるのであろうか？　もし、一方的な契約が是認されるというのであれば、それを是としない当事者には契約を解除し、契約関係からの離脱が認められて当然であろう。

① 南箱根ダイヤランド事件～事案の概要

　南箱根ダイヤランドは、1970年頃から分譲された別荘地であり、分譲済みの物件は建物付き土地が2550区画（当時、うち別荘利用者が1801区画、常住者が749区画、土地のみが1650区画）となっており、各別荘地所有者は、管理会社である南箱根ダイヤランド株式会社との間で、土地取得時に管理委託契約を締結し、規約に定められた月額管理費（環境整備費）を支払っている（平成21年3月31日　静岡地方裁判所沼津支部判決書より）。

　住民らの一部は、管理会社の管理費が高額にも関わらず、かつその管理内容が住民らのニーズにそぐわない、として民法656条及び同条が準用する同651条1項の規定により、管理委託契約を解除した（準委任契約の解除）。

　これに対して、会社は、管理委託契約の解除は無効であると主張し、住民らに未払管理費の請求訴訟を提起した。

② 逆転までの経緯
1　ある一人の別荘所有者からの相談
　私の依頼者の一人に、労働事件でたたかっている保育士の女性がい

た。その夫Hさんが、私に相談があるという。ご夫婦は、静岡県函南町にある南箱根ダイヤランドに別荘を所有しているが、その別荘地の管理費が高額で管理もずさんであるという。

　住民グループで管理委託契約解除の運動を進めており、管理会社に対して内容証明郵便で管理委託契約解除の通告を行い、管理費の不払い運動を行っているという。近々、管理会社から訴状が届くと思うので、その際には、代理人を引き受けてほしいとの依頼であった。

　マンション管理問題、区分所有権問題は、私の得意とする分野であったが、別荘地の管理問題はそれまで扱ったことのないはじめての相談であった。しかし、調べていくと、確かに別荘地の管理委託契約が絶対に解除できないというのは、どんな法律に照らし合わせても説明がつかない。

　マンションであれば、区分所有法という特別の法律が制定されて、マンション区分所有権を所有する限り、強制的に組合員にされるし、管理費の支払義務を負う。これは、特別法があるからである。

　しかし、別荘地にはこのような規制法は存在しない。別荘地管理委託契約は、管理会社と個々の別荘地所有者が締結した管理委託契約書のみが拘束の根拠であり、管理委託契約は民法上の準委任契約でしかない。条文を素直に読めば、いつでも自由に解約できるはずである。

　しかも、別荘地管理契約では、管理費も管理内容も事実上管理会社が自由に決めることができ、委任者である別荘地所有者には何らの権利も保障されていない。

　一度別荘地を購入した以上、未来永劫みかじめ料を言われるままに払い続けるしかない、という契約関係はあまりにも理不尽である。

　予想した通り、2006年5月30日付で、管理会社からHさん宛に訴状が届いた。その後、反対グループの他のメンバーにも訴状が届き、最終的には22名の当事者でこの裁判に取り組むことになった。

2　別荘管理費をめぐる問題の所在

　私たちは、近代社会と呼ばれる時代に生き、生活している。近代社

会は、民主主義社会ともいわれ、近代法上は、各個人は人格的に独立した権利主体として扱われ、財の交換主体、財の帰属主体となる。また、個人の労働力の価値交換の対象となり、労働者は使用者に自らの労働力を売ってその対価としての賃金を得て生活している。

こうした近代市民社会では、個人が権利義務の主体となっている。近代市民社会では、契約自由の原則が妥当し、それぞれの個人は、自分の意思に従って、取引の目的、取引の相手方、交換する価値を選択することができる。さらに、企業活動においては、市場に存する個人（法人取引主体を含む）に提供する商品やサービスの質・価格が受け入れられないと、たちまち経営難に陥り、市場からの撤退が余儀なくされる。

もちろん、契約自由の原則は、使用者と労働者、企業と消費者、地主や大家と賃借人など、自由に委ねていては、弊害が生じる契約関係においては、社会的な見地から実質的対等を実現するための修正がなされている。

このような近代社会にあって、契約の相手方を自由に選択することができず、一度契約したら未来永劫孫子の代まで解約・離脱ができず、支払の義務だけが強制され、何らの権利も保障されない契約があり得るだろうか？

まさに、別荘地での管理委託契約問題は、そのような近代市民法の例外を許していいのかどうか、が問われる事件といえよう。

3　先行する事件ではすべて住民側敗訴

この訴訟に先立つ管理費請求訴訟では、ことごとく住民側の敗訴判決が続いていた。

南箱根ダイヤランドでも、先行する事件で東京高等裁判所は、2004年に、本件被告の一人が争った未払管理費請求事件において、以下のような理由で、会社側の請求を認めている。

「本件管理契約は、準委任契約と解されるが、委任者個々人の利益のためだけではなく、南箱根ダイヤランド内に土地建物を有するすべ

ての者の共通の利益のために締結されるという性質をも有すると考えられ、個々人の都合による契約の解約を自由に許すことは、管理契約の上記目的を達し得ない事態を招くことにもつながりかねない。また、このような契約に基づく管理委託を受けることは、南箱根ダイヤランド内の土地及び諸施設を管理運営する被控訴人にとっても、これらの土地及び諸施設を全体的に安定して管理、整備していく基盤を作るなどの利益があるのであって、本件管理契約に基づく管理業務の遂行は、委任者のみならず、受任者たる被控訴人の利益でもあると考えられる。そうすると、このような契約を解除するには、受任者たる被控訴人が著しい不誠実な行為に出たとか、委任者たる控訴人に著しい損害を被らせるなどの、契約を解消するやむを得ない事由があると解すべきである」（平成16年〔ネ〕第3881号事件、原審：静岡地方裁判所沼津支部平成14年〔ワ〕第236号事件）

　まさに、この東京高裁判決も踏襲する過去の最高裁判例が形成した「受任者の利益をも目的とした委任契約」論の突破が、裁判上の一番の乗り越えるべき壁となっていた。

4　先行判決の第一審判決理由を手がかりに
　しかし、先行する静岡地方裁判所沼津支部の判決には、蛇足文というのが付されていた。判決理由文末に記載された「蛇足ではあるが、……」という言葉で始まる文章である。
　蛇足文は、以下のように述べる。
　「南箱根ダイヤランド内に常住者が増えてきた現在、建物管理のうちのいくつかの業務は、常住者にとってみれば不必要と思われるものや、業務の改善の余地があるものがあり、少なくとも常住者との関係ではその業務内容を見直すべき時期に来ていることは否定できないものと思われる」
　「住民間の不平等感や分譲開発の経緯を理由として、管理契約の内容を検討することなく、管理契約の維持を強制し、また契約解除が制

限されるといった主張は不当なことは論をまたない」

　このような指摘がなされ、判決は認容だが、わずか僅差で住民側が敗訴したことであることを示唆した内容であった。

　裁判所は、悩みに悩んで最後の結論を解除無効、会社側の請求認容とした。この蛇足文は、この先会社側の態度が変わらず、住民の意向を無視した殿様商売を続けていけば、裁判所は、次は解除を認めるとの予告のようなものだ。

　がんばれば、勝機はある。我々は、この先行する第一審判決の蛇足文を一つの手がかりとして、来るべき裁判での逆転勝訴を目指すことにした。

5　第一審静岡地方裁判所沼津支部でのたたかい
①法律構成

　第一審の戦略として、独占禁止法違反や消費者契約法違反などの契約そのものの無効、物権法定主義違反などの主張による解除の有効性など多岐にわたる争点を提起していったが、やはり、主要な争点は、「受任者の利益をも目的とした委任契約」による解除権の制約、判例理論をどう乗り越えるか、あるいは射程外の認定を勝ち取って、解除を認めさせるかにあり、そこに力点を置くことになった。

　判例、そしてそれに依拠した裁判例を乗り越えるためには、研究者の力が必要であった。私の事務所は、東京都豊島区南大塚にあり、歩いて3分ほどのところに、日本評論社という立派な法律出版社がある。堀越事件（本章「6　社会保険庁国公法違反被告事件」参照）に取り組む中で、同社の前社長、現社長とは懇意になり、スタッフのみなさんとも職場が近いので飲み屋でばったりという関係でもあった。

　私は、現社長に相談し、この事案の概要と社会的意義について説明し、協力してくれる民法研究者を紹介してもらうことになった。社長が紹介してくれたのは、前述の山野目章夫早稲田大学教授であった。早速、山野目教授と連絡を取り、弁護団会議に参加してもらうことになった。

好評発売中！ **法律実務書のご案内**

裁判官！当職そこが知りたかったのです。 −民事訴訟がはかどる本−

岡口基一・中村 真 共著
定価＝本体2,600円＋税　2017年12月刊

裁判官 岡口 基一×弁護士 中村 真！
業界騒然のコラボが実現！

イラストで人気の中村真弁護士が岡口基一裁判官にインタビュー！？いま民事裁判が抱える問題からナゾに包まれた裁判官の日頃のお仕事まで、法曹関係者の「気になる」が詰まった珠玉の対談本！もちろん中村真弁護士の描き下ろしイラストも満載！

裁判官はこう考える 弁護士はこう実践する **民事裁判手続**

柴﨑哲夫・牧田謙太郎 共著
定価＝本体2,800円＋税　2017年9月刊

現役裁判官×現役弁護士、民事裁判手続を語りあう！

現役法曹二者が民事手続の流れに沿って、互いの仕事ぶりに忌憚なき意見交換を行う！具体的なテクニックも、互いの胸の内も満載。若手もベテランもここに新しい気付きが必ずある！

 株式会社 学陽書房
2019年11月

〒102-0072
東京都千代田区飯田橋1-9-3
TEL 03-3261-1111
FAX 03-5211-3300

HPは
こちらから

Q&A 弁護士のための 面会交流ハンドブック

梶村 太市・長谷川 京子・渡辺 義弘 編著
定価=本体3,200円+税　2018年2月刊

面会交流の実務の基本をQ&Aで1冊に！

面会交流にまつわる基礎知識をコンパクトにまとめた、
「子の利益」を考える実務家のためのビギナーズブック！

交通事故関連

駐車場事故の法律実務

中込一洋・末次弘明・岸郁子・植草桂子 著
定価=本体3,200円+税　2017年4月刊

駐車場内の交通事故について、過失相殺と駐車場管理者
の責任を中心に実務の指針を示す初の法律実務書！

自転車事故の法律相談

髙木宏行・岸 郁子 編著　定価=本体3,200円+税　2014年8月刊

社会問題化する自転車事故の法律問題について、民事・保険・刑事・行政処分・訴
訟手続などの問題を網羅し解説！！

要約 交通事故判例140

高野真人 著　定価=本体3,400円+税　2014年9月刊

「赤い本」「青本」著者による判例ガイド。

企業を守る ネット炎上対応の実務

清水陽平 著　定価=本体2,200円+税　2017年1月刊

ネット炎上の発生時に、企業がとるべき初動対応から事後処理までを解説。

士業のための改正個人情報保護法の法律相談

松尾剛行 著　定価=本体2,600円+税　2017年6月刊

平成29年5月施行の改正個人情報保護法の実務がつかめる！

「実践!!契約書審査」シリーズ

実践!!契約書審査の実務＜改訂版＞
－修正の着眼点から社内調整のヒントまで－

出澤総合法律事務所 編　定価＝本体3,300円＋税　2019年3月刊
2020年4月施行!改正民法対応!
現場の悩みどころをもとにした具体的ケースから、契約書審査の
目の付け所や法務パーソンとしての調整のコツ、考え方を示す!

実践!!業務委託契約書審査の実務

出澤総合法律事務所 編　牛山琢文・丸野登紀子・若狭一行・稲田祥子 著
定価＝本体2,400円＋税　2019年7月刊
改正民法のポイントをおさえながら、業務委託契約書の「審査」
に特化して解説。巻末には契約書のひな形付き!

実践!!不動産売買・賃貸借契約書審査の実務

出澤総合法律事務所 編　牛山琢文・真藤 誠・若狭一行・大賀祥大・稲田祥子 著
定価＝本体2,500円＋税　2019年6月刊
不動産契約書「審査」の事例をもとに、新民法のポイントもつかめる!
巻末には契約書のひな形付き!

「逐条」シリーズ

新版 逐条地方自治法＜第9次改訂版＞

松本英昭 著　定価＝本体15,000円＋税　2017年11月刊
地方自治法の解釈・運用の定本!内部統制の導入や監査機能の強化、首長・職員
の損害賠償責任の見直しなど平成29年の通常国会で改正された地方自治法に
対応した最新版!

逐条 学校教育法＜第8次改訂版＞

鈴木 勲 編著　定価＝本体14,000円＋税　2016年4月刊
等教育学校の創設等を盛り込んだ、7年ぶりの大幅改訂版!

離婚事件関連

男性のための離婚の法律相談

本橋美智子 著　定価＝本体2,700円＋税　2017年3月刊

男性が不利とならないために、交渉の方法や依頼者との向き合い方、主張・立証の手法など、実務のポイントを示した。

離婚をめぐる親権・監護権の実務
裁判官・家裁調査官の視点をふまえた弁護士実務

近藤ルミ子・西口 元 編著　定価＝本体3,600円＋税　2016年4月刊

家裁審理の実情、調査官調査の実際を解説！

新版 要約離婚判例

本橋美智子 著　定価＝本体3,800円＋税　2016年1月刊

171件の判例をコンパクトに解説。

弁護士のための
家事事件税務の基本 −相続・離婚をめぐる税法実務−

馬渕泰至 著　定価＝本体2,100円＋税　2016年10月刊

相続・離婚をめぐる課税関係をシーンごとに解説。

未払い残業代請求 法律実務マニュアル

旬報法律事務所 編　定価＝本体2,800円＋税　2014年7月刊

受任、証拠収集、計算、訴状・準備書面の作成まで、実際のプロセスに基づき解説。

和解交渉と条項作成の実務
問題の考え方と実務対応の心構え・技術・留意点

田中 豊 著　定価＝本体3,000円＋税　2014年12月刊

適正な和解のため、押さえるべきポイントを60のＱ＆Ａで解説。

何度も議論を重ねる中で、別荘地管理契約は、受任者の利益を目的とした準委任契約の射程外であること、判例のいう受任者の利益を目的とした管理委託契約というあいまいな規範を整理してその基準を具体化する作業が必要なこと、など戦略を決めていった。

　また、山野目教授から重要な示唆をいただき、裁判官が乗りやすい法律構成（落としどころ）を設定することとし、当初の管理委託契約は実態にも即し、受任者の利益を目的とする準委任契約の要件を備えていたが、時代の変化とともに道路の行政移管（1995年）、定住者の増加などによる状況の変化により、判例の要件を満たさなくなった、という判例変更によらずに、解除を勝ち取る法律構成も主張としててていねいに論じていくことになった。

②現地調査

　もう一つ、この事件で重視したのは、裁判所に現地を実際に見てもらい、現地の様子を体感してもらうことであった。裁判の早い時期から我々は、現地進行協議という形での現地調査を裁判所に粘り強く要求していった。

　合議体の石垣陽介裁判長は、当初から現地進行協議には乗り気で、当方に、具体的な調査場所と調査の目的、調査のスケジュールの検討を指示した。

　当時の期日報告書を見返すと、提訴から1年10か月後の2008年3月12日の弁論準備期日で、裁判所は正式に同年6月11日午後の時間帯を利用して、現地進行協議を決定している。

　6月11日当日は、管理事務所、原告ら宅、警備室、別荘地内に建築された営業停止中のホテル、別荘地内の公園などの現地に原被告、双方代理人とともに裁判官を案内した。裁判官からは、現地でも熱心な質問があり、私たちはある意味、この裁判体はこの事件に真剣に取り組んでくれているという手ごたえを感じた瞬間であった。

　そもそも、過去の判例と同じ判断を下すのであれば、面倒くさい現地進行協議など採用しないであろう。ひょっとしたら、この事件はい

けるかもしれないという期待を持った現地進行協議であった。

6 山野目意見書と鑑定証人尋問

　先例をひっくり返すには、裁判所に拠りどころとなる法理論を提供することが必要である。しかも、上級審でも耐えうるしっかりとした理論構築が必要となる。こう考えた私たち弁護団は、引き続き、民法の大家である山野目教授に相談をし、意見書の作成を引き受けてもらうことにした。

　山野目教授には、原被告双方の書面と証拠に目を通していただき、どこにこの訴訟の争点があるのか、裁判官が持っている問題意識や偏見がどこにあるのか、また、弁護団が考えてもどうしてもモヤモヤしていて解決ができない課題がどこなのか、などを拾い出し、弁護団会議にも参加してもらい、議論を進めていった。

　完成した山野目意見書は、判例法理における委任又は準委任契約が受任者の利益をも目的とする場合において、民法651条・656条に基づく解除は制限を受け、委任者による随意の解除は許されないとする準則を《第一準則》と呼び、委任又は準委任契約が受任者の利益をも目的とする場合であっても、信頼関係が破壊されたと認められる「やむを得ない事由」があるときには解除が可能であるとされる準則を《第二準則》としていた。《第一準則》の最高裁判例の理解としては、不動産の継続的な管理を提供役務とする契約においては、委任者と受任者との間に「相互の依存関係」が認められる場合において、解除が制約を受けるべきと理解すべき、と整理されている。

　「相互の依存関係」とは、不動産の性質に応じた管理のために必要とされる重要な役務が委任者に提供されることが契約において約されていること、そしてそのような役務を提供する受任者の事業の実施が委任者による解除により著しく困難になることの二つの要件が充足される場合において、認められるとする。

　そして、山野目意見書では、裁判官の俗耳に入りやすい「フリー・ライド論」（大多数の真面目な別荘所有者が共同の利益のために管理

費を支払って行っている管理サービスの恩恵を、一部の不届き者が管理契約から離脱をして管理費支払義務を免れて享受することになるとサービスのただ乗りを認めることになり不公平だ、とする論）に関して、いわゆる居住者のフリー・ライドなる考え方は、このような厳格な二つの要件の検証に耐えうる場合においてはじめて法律的な思考としての性質を獲得するものであって、そうでないものは契約関係の感覚的な理解把握から当事者に欲しない法律関係を強要するものに他ならないと一刀両断に排斥している。

　山野目意見書は、結論として以下のように述べている。

　「エリア・マネジメントの課題は、基本的には立法府が処するべき事項であり、現に政府による調査検討が進められている。情緒的に説かれるフリー・ライドによる利得の発生可能性や、別荘一帯の地域環境の荒廃への観念的な危惧といったことの刹那的な解決を志向するあまり、個別民事事件事案の解決のなかで法律理論上の無理を冒すことは相当であるとは考えられない」

　「本件の不動産管理契約は、一定の区域のなかに土地を所有する者すべてに対し、その締結を義務づけるものであり、その結果として、あたかも領地であるかのごとく当該区域を特定の事業者が永久に管理しつづけようとするものであるかの印象を拭い去ることができない。すなわち、区域内に土地を所有した者が土地を譲渡する際には管理契約を承継させることが想定されており、また、土地の所有者が死亡した際の民法653条1号・656条の適用関係も、原告の主張に照らす限り判然とした説明がなされていない」

　「本件は、まさに特定の事業者のために土地の所有者に永久の拘束を課そうとするものであり、近代の法観念からは理解が困難なものである」

　住民側は、山野目意見書の趣旨を十分に裁判所に理解してもらうことを目的として、山野目教授について鑑定証人としての人証申出を行った。会社側の反対意見にもかかわらず、裁判所はこれを採用し、

2008年10月31日13時30分〜16時30分の３時間、裁判所での鑑定証人尋問が実現した。

　当日は、裁判長から熱心な補充尋問が行われ、手ごたえを感じた尋問であった。

7　第一審石垣判決

　2009年３月31日に言い渡された判決は、被告住民側勝訴であった。管理会社側の未払管理費請求は、住民らの管理契約解除通知到達後については、解除が有効と判断され、すべて棄却された。

　判決は、争点に対する判断の中で、山野目教授が意見書で指摘した「相互の依存関係」論に依拠し、詳細に管理委託契約の内容と実施状況を検討している（裁判長は、石垣陽介裁判官）。

　そして、南箱根ダイヤランドの開設当初は、インフラも整備されておらず、管理会社が道路を所有管理し、常住者も少なかったことから、相互の依存関係があったと考えられるが、インフラ整備が進み、常住者も増加し周辺環境や社会環境が変化していったことから、遅くとも町への道路の移管がなされた1995年１月以降においては、相互の依存関係はなくなったとし、住民らは準委任契約である管理契約を任意に解除できるものと判断した。

　他方、所有者の死亡による管理委託契約の終了については、判決は本件管理契約の契約時における合理的な意思解釈として、委任者が死亡したとしても、不動産を相続人が承継する限り、本件管理契約も当然には終了せず、相続人との間で存続するという黙示の合意があると解するのが相当である、として死亡による契約終了は認めなかった（改めて相続人からの解除の意思表示を必要とする）。

8　会社側が控訴

　この一審判決に対し、管理会社はこれを不服として、東京高等裁判所に控訴した。

　控訴審では、当然準委任契約である管理契約の解除の可否が大きな

争点となった。控訴審では、会社から28頁の控訴理由書が提出されたが、基本的にはこれまでの会社の主張を繰り返したものに過ぎなかった。

住民側は、これに対する反論準備書面を提出するとともに、敗訴部分である準委任者の死亡による準委任契約の終了（民法653条、656条）について主張を補充し、附帯控訴を行った。

9　管理会社側の証拠調べ請求を却下して結審

2009年12月1日に行われた控訴審第1回口頭弁論では、裁判所は、管理会社側が申し立てた文書送付嘱託（警察署への問い合わせを内容とするもの）を必要性なしとして却下した上で、結審し、判決言渡し日を2010年2月16日と指定した。

控訴審での第1回口頭弁論期日の裁判所の訴訟指揮は、弁護士にとって大変気になるものである。

管理会社側の反論を裁判所が封じたこと、また判決言渡し日が、2か月半後に指定されたことは、大幅な判決内容の見直し、すなわち原判決が取り消されることはないのではないか、という期待を抱かせるものであった。もちろん、判決はふたを開けてみないとわからないし、油断はできない。

10　一審を上回る稲田判決

明けて2010年2月16日の判決は、予想通り、被控訴人住民側の勝利であった（【資料3】参照）。

ただ、読み上げられた主文は、単純な控訴棄却ではなく、さらに、当事者が多数のため複雑で長く、「原判決主文を取り消す」等も含まれていたため、法廷で判決主文を聞いても、勝ったのか負けたのか、何が起きたのか即座には理解できなかった。

判決後に、書記官室で判決書の交付を受け、東京高裁1階の弁護士控室で、判決文を読んだ。

準委任契約の解除については、一審判決を維持した住民側の勝訴維

持判決である。そして、附帯控訴した死亡による準委任契約の解除については、これを認めなかった原判決を取り消して、住民側の主張を認めた。

その意味では、95点であった一審判決の不十分点も克服した100点満点の住民勝利の判決である。

弁護団は、喜びと同時に、おそらく管理会社は最高裁判所に上告するだろうという予想の下、依頼者住民らに、勝訴判決の解説とともに上告への備えを指示する報告連絡文書を即座に作成して送付した。

同時に、画期的な判決内容であったため、法律雑誌社等に、マスキングをほどこした上で、判決書を送付した。マスキングや送付の作業は、事務所の事務職員らが大きな貢献をしてくれた。また、法律雑誌社等へは、山野目教授が、編集者等に連絡を取ってくれてこの判決の意義をあらかじめレクチャーしてくれたため、大きな反響があった。

なお、この判決の裁判長は、稲田龍樹裁判官で、札幌地方裁判所時代、長沼ナイキ訴訟（福島重雄裁判長）で、左陪席として自衛隊違憲判決を出した合議体の裁判官である。

11　管理会社は上告を断念し判決確定

結局、会社からの上告はなかった。判決確定である。東京高等裁判所の判決理由には説得力があり、これを上告して最高裁判所の判例として影響力が広がるよりも、一個別事例の高裁判決に留めておくほうが得策だという判断をしたのであろう。

いずれにしても、本事件の当事者である住民らとの関係では、管理契約の解除は認められ、再契約を締結しない限り、管理費の支払義務はないことが法的に確定した。

2010年4月11日、函南町の公民館を借りて、判決報告集会を開催した。50名ほどが集まった報告集会には、当事者にはなっていない南箱根ダイヤランド住民の他に、近接する別荘地住民も参加していたようである。後日、伊豆エメラルドタウンという伊豆の別荘地の住民のホームページで、私の断りもなく(笑)、この集会での私の報告内容

が、テープ起こしされて掲載されていたようで、そのホームページの私の報告を読んで、その後全国から、別荘管理費問題での相談が寄せられるようになった（【資料4】参照）。

③ 逆転のポイント

1 現地を裁判官に見せることの重要性

　裁判は、理屈より先に現地で発生している具体的事実である。具体的事実、そしてそこで市民が直面している苦労や矛盾、そこが出発点になることは、どんな事件であっても普遍的である。

　事実があって、それを見て、救済されるべき正義や権利があるのか、あるのであればそれを現行の法体系の中で、救済するシナリオをどうつくるのか、弁護士は、現場を翻訳して裁判所に物語を伝えていくプロデューサーでなければならない。

　誰でもわかることだが、書面で説明されるのと、写真で説明されるのと、ビデオで説明されるのと、直接現地を見せられるのとでは、人間の受けるイメージや印象は全く異なる。

　公害事件では、よく「被害に始まり被害に終わる」という言葉が言われる。水俣病裁判で、裁判官が原告宅を訪問し、病気に苦しむ原告と直接触れ合わなければ、あの水俣判決はなかったであろう。私がかかわった東京大気汚染公害訴訟でも、大気汚染のひどい現場に裁判官を連れて行った。現在取り組んでいる、ふるさとを返せ津島原発被害者訴訟でも、郡山地方裁判所の裁判官に防護服を着てもらい浪江町津島地区の帰還困難区域に連れて行った。

　この訴訟でも、別荘地の現場に裁判官を連れて行ったことが勝因の一つであったことは間違いない。

2 研究者との協力

　とりわけこれまでとは違う判決を勝ち取るには、研究者の協力、裁判官に先例を破り判決を書かせるための理論的武器を提供してあげることは極めて重要なことである。

その点で、この訴訟にピッタリの山野目教授と出会い、一緒に訴訟をたたかうことができたことは大きな勝因である。

　提出した意見書と鑑定証人尋問で、山野目教授の明快な理論と解説は、裁判所に、解除を認めることに学問的裏付けがあり、批判に耐えうるとの勇気を与えたものだと思う。事実、山野目教授の「相互の依存関係」という理論による最高裁判例の整理は、第一審及び控訴審の判決理由の中でもそのまま引用され、解除の根拠を与えてくれた。

3　落としどころ

　もう一つ、裁判で重要なことは、純粋な理論とともに、裁判例や他の事例との整合性を考えた立論と戦略を考えることである。先例を否定ないし、大きく変更することは他の事案に対しての影響力が大きい。他の事案への影響が大きいと、当然判決に対する批判も大きくなり、それが結局上級審で結論をひっくり返される大きなリスクとなる。

　裁判官が保守的で、先例からなかなか一歩を踏み出せないのは、このような批判に判決が曝され、結局熟慮の足りない判決を書く裁判官として低い評価をされることを必要以上に危惧しているからである。

　この事件では、山野目教授も参加する弁護団会議の中で、どこに落としどころをもっていくか、裁判官はどこで住民を勝たせるのが一番ハードルが低いか、住民を救済するためにはどんな判決が一番書きやすいのか、という戦略的な議論も行った。

　その結果、様々な法的論点・争点も提起しながらも、ダイヤランド開設当初は、相互の依存関係があったもののその後の環境変化・社会状況の変化、常住者の増加の中で、相互の依存関係が失われていき、ある時点を境に、契約の内実が変化し解除が可能な状況になったという論理が一番乗りやすいという結論になった。

　この仮説と戦略に従って、弁護団は、主張立証を行っていった。

　一審の判決文のくだりを読むと、その狙いがピッタリと合致していたことが理解できると思う（一審判決【資料2】、二審判決【資料3

参照)。

④ 教訓
1　裁判官を同じ土俵にのせる
　教訓の一つは、事実と制度の不合理性を裁判官に直視してもらい、その不合理を何とか完結できないか、という共通の土俵に裁判官を乗せて一緒に法律論を考えるという姿勢を貫いたことの大切さである。そのために、研究者の助言を得たり意見書をお願いしたり、鑑定証人として証言をしてもらうことにより、裁判所に自信をもって判決を書いてもらうことができた。

2　食べやすい料理を提供する
　第二に、判決の落としどころを探りながら訴訟活動を進めることである。下級審裁判所は、いい判決を書いても上級審で破棄されてしまえば意味がないと考えている。
　判決の射程を見据えながら、過去の判例や裁判例との抵触を回避して勝訴判決を得ることを意識した戦略が成功したものと思う。
　ある意味、弁護士にとって裁判官は、依頼者とはまた別のお客様である。飲食店に例えれば、お客様に食べてみておいしかったという料理を提供しなければ何の意味もない。肉が嫌いな裁判官に、いくら高級な国産牛を提供しても食べてくれなければ負けである。食物アレルギーのある裁判官に、おいしいからといってアレルギー食材を使った料理を提供しても意味はない。
　シェフである弁護士は、その裁判官の好みを把握し、食べやすい料理を提供する努力をすべきである。

⑤ 亡霊の復活〜その後の訴訟で再び敗訴
　上述の事件では原告にならなかった南箱根ダイヤランドの住民らがその後、管理契約を解除し、その有効性を争うことになった。
　一審判決は、管理契約が受任者の利益をも目的とする準委任契約と

した上で、以下のように述べ、住民を敗訴させた。

「ダイヤランド内の物件所有者による自由な解除を許容し、その者から環境整備費の支払を受けることができなくなった場合には、前記のようなダイヤランド全体の管理に要する費用に不足が生じて管理業務に影響を及ぼすことになることは必定である。また、その程度によっては反訴原告が会社の事業としてダイヤランド全体の管理を安定して実施することができなくなることも明らかである」

「仮に物件所有者による自由な解除を認めた場合にはその者は環境整備費を支払わなくても反訴原告による全体管理による利益を享受できるようになり、環境整備費を負担する物件所有者との間で不公平が生じることは明らかであり、契約締結時において契約締結者である物件所有者は各自が自由に契約解除権を行使することによって前記のような不公平な状態が生じることを想定したとは考え難いことを併せて考慮すれば、本件管理契約においては、その契約者がダイヤランド内の対象物件の所有を継続しながら解除権を行使して契約関係から自由に離脱するという事態を想定していなかったものと認めるのが相当である。そうすると、本件管理契約においては、委任者である反訴被告らが本件管理契約の解除権自体を放棄していたものとは解されない事情があるとは認められない」※静岡地判平26.4.16判時2308号75頁

事情があり、この訴訟には私は代理人として参加しなかったが、担当した代理人の話によると、住民らのペースでいい雰囲気の中で訴訟が進行していたところ、結審近くになったときに、東京高裁から沼津支部長として赴任したＡ裁判官に裁判長が交替し、地裁は沼津支部の石垣判決、東京高裁の稲田判決を、ひっくり返す理解しがたい反動判決を下したという。

この判決を書くために沼津支部に赴任したのではないかと疑わざるを得ない出来事であった（Ａ裁判官は、判決の年には、旭川地家裁所長として栄転している）。

裁判経過について代理人弁護士から報告を受けていた私としては、この訴訟進行で敗訴することはまずありえないと予想していた。最高

裁人事の背景に何があったのか、また裁判官は良心のみに拘束され、独立した立場で個別事件の判決を下すものと信じたいが、この突然の裁判官交替劇と予期せぬ敗訴判決は、別荘所有者にとって冬の時代の到来を告げるショッキングな出来事であった。

その後、2016年1月19日に出された東京高裁での判決は、【資料5】の通りである。

⑥ セラヴィーリゾート泉郷事件でのたたかい

1　事案の概要

この地裁判決が出された2014年4月当時、私は、山梨県北杜市にある別荘地「セラヴィーリゾート泉郷」の住民たちから管理委託契約解除の相談を受け、数次にわたる集団提訴を行っており、その総数は100名を超えていた。

南箱根ダイヤランドで再び勝訴判決が出るのを追い風に、セラヴィーリゾート泉郷事件でも、勝利を積み重ねようとしていた矢先の悲報であった。しかし、負けるわけにはいかない。

考えられるあらゆる問題点を指摘して、勝訴判決を目指してたたかいを進めていった。

その数次の訴訟の中でも、裁判所とのいろいろなやりとりがあった。

2　裁判官の個性を痛感した出来事

数次の事件が、それぞれ別々の裁判体に係属すると、いろいろな裁判官に接することになる。同じ争点の事件であるのに、それぞれ裁判官の考えと個性があり、訴訟進行は大きく変わることになる。

ある事件は、比較的まじめで若い裁判官が担当になったが、ある日、その裁判官から当方に対し、和解の打診があった。

「私は、理論的には、解除は有効であると考えている。しかし、解除有効の判決は書けない。解除を認めると次々に解除者が出てきて現場が混乱する。それを避けたいので和解に応じないか」
という打診であった。

これに対して、私は、弁論準備室で、裁判官に対して、次のように回答した。

　「裁判所、裁判官の役割は法律判断を下すことではないですか。個々の物件所有者と管理会社が締結した管理委託契約は準委任契約であるのであって、無理くりに受任者の利益のためにもする委任契約の判例を当てはめるのは不自然であり不合理です。東京高裁稲田判決が、明快でとても説得力があります。判例を無理やり当てはめて解除を否定することは、管理会社のずさんでいいかげんな管理行為を免罪することになります。仮に混乱が生じたとしても、それは裁判所の責任ではありません。混乱への対処は、別荘地管理の対応策を何も講じてこなかった立法府・行政府が考えることです。裁判官は、勇気をもって法律判断をすべきではないですか」

　この事件は、どうしても負けられないという気持ちでいたので、裁判官に対して、かなり強い口調で、頼りない対応を責め立てた。同席していた相代理人弁護士も、目を白黒させて聞いていた。

　別のグループの裁判では、強権的な訴訟指揮で有名な高圧的な裁判官に当たった。実は、以前、別の事件（司法修習生の給費制廃止違憲訴訟）で、意見陳述を一切許さない、提出した準備書面の要旨の陳述もさせないという訴訟指揮に対し、弁護団長として法廷で大げんかをした裁判長である。

　彼は、所有者住民の本人尋問すら認めずに、結審しようとした。当方は、所有者住民で傍聴席を埋めた上で、裁判官忌避の申立を準備して法廷に臨んだ。

　満席の傍聴席と結審に反対する代理人の活動の中で、忌避を嫌った裁判官についに本人尋問を認めさせた。

　結果は、住民側敗訴であった。

　敗訴後の控訴審である東京高裁での和解の席では、裁判官から「おれも別荘がほしいな」という冗談半分の発言があった。裁判官のイメージは、別荘は金持ちの道楽であり、多少高い管理費を請求されようと、管理会社の運営がずさんだろうとしょうがない、という受け止

めが本音のところであることがよくわかる発言であった。

　この裁判所の誤解を突破しなければ、別荘管理問題は解決しない。偏見から出発することなく、事実を直視して法律問題を考える、そんな思考こそが裁判官には求められているのに、この発言には愕然とした。

　別のあるグループへの東京高裁での和解勧告。裁判官は、判決になれば解除無効、管理費請求を認めざるを得ないとの結論を示し、「代理人の主張は、もっともなところがあり、よく理解できる。その通りだと思う。しかし、この主張が裁判所で認められるには、まだ機が熟していない、社会の状況が変化して裁判所が認めるにはあと10年の我慢が必要だ」と言われた。

　このグループは、悩みに悩んだ末、10年後の捲土重来を期して和解案を受諾することにした（管理改善に向けた協議会を設置するなどの和解内容）。

3　最高裁でのたたかい

①最高裁へ上告

　セラヴィーリゾート泉郷事件のいくつかは、東京高裁で結審・判決となった。すべての事件が、住民側敗訴である。

　私たちは、最後の望みをかけて最高裁判所に上告及び上告受理申立を行った。

　そして、何とか最高裁判所でのたたかいに勝利したいと、考えられるあらゆる手を尽くした。

②泉徳治前最高裁事務総長（当時）と稲田龍樹元裁判官へのラブレター

　その一つの手段として、前最高裁事務総長であった泉徳治さんに、最高裁でのたたかいについてアドバイスをもらうべくラブレターを送った。

　泉徳治さんには、一般論ではあるが最高裁での審査の方法や調査官の目に留まる訴訟活動についてアドバイスをお願いした。また、稲田

さんには、裁判長として書いた南箱根ダイヤランド判決をその後否定する判決が続いていることを説明した上、判決を出した当時の検討状況や現状を打破するための反論の法律論をどう展開すればよいかのアドバイスをお願いした。

お二人からは、ご丁寧な激励のお返事をいただいたが、具体的な質問への回答は、いただくことはできなかった。

泉さんも稲田さんも、結局具体的な成果には結びつかず、不発に終わったが、失敗しても傷つかない。

依頼者のためにやれることはやりつくす、という覚悟が次の勝利を準備するという確信は揺らいでいない。

このたたかいは、別の別荘地での新たな訴訟の中で、その成果を引き継ぎながら今も続いている（2020年6月現在、最高裁に係属中）。

⑦ あかざわ恒陽台事件でのたたかい

1　事案の概要

別荘管理費訴訟は今も、続々と起こっている。

2018年4月、静岡県伊東市赤沢所在の別荘地「あかざわ恒陽台」の別荘所有者らに熱海簡易裁判所から、未払管理費請求の訴状が続々と届いた。受け取ったのは、別荘の管理会社の管理を不満として数年前に管理契約の解除通知を送付した別荘所有者らである。

数名の被告らから、相談の電話が入った。別荘管理費訴訟は、現在冬の時代である。

事務所に相談に来た数名の住民らに私は以下のような話をした。

「私は、弁護士として別荘管理契約問題に十数年取り組んできました。南箱根ダイヤランド訴訟では、静岡地裁沼津支部、東京高裁で画期的な判決を得ることができました。しかし、その判決は、今やことごとくひっくり返されています。

私は、別荘管理契約は、いつでも任意に解約できると確信しています。しかし、裁判所はその認識にいまだ到達していません。セラヴィーリゾート泉郷の裁判で、東京高裁の裁判官は、私たちの主張に

正当性があることを認めながらも、判例変更には後10年の歳月が必要と述べました。

　負けを繰り返し、たたかい続ける中で、社会が変わり、裁判所が変わる、というのがこれまでの裁判の歴史です。非嫡出子の法定相続分を嫡出子の法定相続分の2分の1とする民法の差別条項が、憲法違反と判断されるのには、18年の歳月を要しました。

　このように別荘管理契約裁判が冬の時代に、みなさんの訴訟が勝訴する保証はありません。しかし、たたかうことによっていつかは勝訴する第一歩になることは間違いありません。

　厳しいたたかいになることをご了解の上、訴訟をたたかいたいというのであれば、私は全力でみなさんのたたかいをサポートします」

　その結果、7名の被告らから訴訟を受任し、現在静岡地方裁判所沼津支部での訴訟をたたかっている。

2　民法改正と別荘管理費

①神風となる改正民法の施行

　そのような中で、2020年4月1日に改正民法が施行された。この民法改正は、別荘管理契約訴訟にとって、神風とも言ってよい追い風と私は考えている。

②条文の規定

　2020年4月1日施行の改正民法では、委任契約の解除に関する規定は、以下のように改正された。

●民法第651条

＜旧民法＞

1　委任は、各当事者がいつでもその解除をすることができる。

2　当事者の一方が相手方に不利な時期に委任の解除をしたときは、その当事者の一方は、相手方の損害を賠償しなければならない。ただし、やむを得ない事由があったときは、この限りでない。

＜改正民法＞
1　委任は、各当事者がいつでもその解除をすることができる。
2　前項の規定により委任の解除をした者は、次に掲げる場合には、相手方の損害を賠償しなければならない。ただし、やむを得ない事由があったときは、この限りでない。
一　相手方に不利な時期に委任を解除したとき。
二　委任者が受任者の利益（専ら報酬を得ることによるものを除く。）をも目的とする委任を解除したとき。

③改正の趣旨
　旧民法でも、委任契約（及び656条が準用する準委任契約）においては、条文上、任意解除権が認められている。
　ところが、判例の積み重ねにより、任意解除権は、制限が加えられ、「受任者のためにもする（準）委任契約」においては、解除権を認めるべきやむを得ない事情が存在するか、それが存在しないとしても解除権を放棄したものとは解されない事情が認められなければ、任意の解除は認められないとされてきた（最判昭56.1.19民集35巻1号1頁）。
　今回の民法改正は、これまでの判例の解釈の変遷を踏まえたものである。
　すなわち、契約当事者の信頼関係を基礎とする継続的契約である（準）委任契約においては、無条件での任意解除権を認めた上で、その結果受任者が被る不利益については、損害賠償を認めることにより調整をすることとし、立法上の解決を図ることとなった。

④立法の影響・効果
　前述の通り、本件訴訟は、まさに別荘地の管理契約が、「受任者のためにもする（準）委任契約」か否かが最大の法律上の争点であるので、この民法改正により、法律論争に決着がつくべき改正ではなかろうか。

すなわち、別荘地の管理契約が、民法上の（準）委任契約ないしそれに準ずる契約であると認定されれば、それが「受任者のためにもする（準）委任契約」か否か、の判断にかかわらず、解釈の余地なく任意の解除権は認められ、後は、651条2項の損害賠償の有無、金額が争点になる。

　改正民法の施行を前提とすれば、施行後に新たに締結された別荘地の管理契約は、これが、従前の多くの裁判例が認定した「受任者のためにもする（準）委任契約」であったとしても、いつでも任意に管理契約を解除できることになる。

　そして、仮に解除により何らかの損害が生じるのであるとすれば、静岡地裁沼津支部の南箱根ダイヤランド判決（石垣判決）（【資料2】参照）のいう、「仮に対価性を帯びるものがあったとしても、利益相当額を精算することで他の利用者との衡平を図ることが可能である」の通り、受任者の主張・立証のもと、その損害回復、衡平を図ればよいのである。

3　旧民法解釈

　確かに、改正民法には、遡及効はない。しかし、現在の訴訟で議論しているのは、遡及・不遡及とは無関係の、旧民法651条の解釈問題である。

　旧民法651条は、条文上、任意解除権は制限していない。

　したがって、現在進行中の訴訟において、旧民法651条の解釈として、任意解除権を認めることには何らの障害はない。

　2020年4月1日以降、新たに締結される別荘地の管理契約については、解釈の余地なく任意解除権が認められるという立法がなされたのに、「受任者のためにもする（準）委任契約」論を持ち出して、原告の解除権を制限することには、何の実益もなく、別荘地管理に混乱をもたらすだけである。

　改正民法651条は、「受任者のためにもする（準）委任契約」であったとしても、任意解除権は認めるべきというのが立法意思であるか

ら、立法意思を踏まえた、法解釈論が適用されるべきである。

　このような改正民法も踏まえた、別荘管理契約のあり方、法解釈を
展開し、その解除権を再度認めさせるたたかいに取り組んでいる。

6 社会保険庁国公法違反被告事件 （堀越事件）

公務員は、機械ではない。人間であり市民である。この事件は、公務員の市民的自由を勝ち取るたたかいである。

① 事案の概要

溜まった仕事を片付けようと、たまたま早く事務所へ出勤した2004年3月3日、重大事件が発生し、現場への出動要請がきた。

警察官200名が、日本共産党千代田地区委員会の前に集結していて、これから捜索・差押を行うという。弁護士が到着するまで、執行は待てと現場は弁護士の到着を待っていた。

その緊迫した現場に、これから憲法裁判を担うことになろうとはつゆとも思っていなかった私は、憲法の番人として出向くことになり、長いたたかいが始まることになる。

② 逆転までの経緯

1 常軌を逸した一市民の私生活への介入

社会保険庁目黒年金事務所に勤務する堀越さんは、共産党の支援者として、仕事が休日の土日には、散歩を兼ねて共産党のチラシを自宅の周辺で配布していた。

公安警察は、堀越さんを徹底的にマークして、チラシ配布の盗撮を繰り返す。そしてある日突然の逮捕、共産党事務所など関係事務所を捜索するに至る。

公務員の政治的中立性とは何か？ 公務員に思想信条の自由、表現の自由は保障されないのか？

猿払事件最高裁判決（【資料6】参照）以来、30年ぶりに判例の評価が問われる事件に私は直面してしまうことになる。

この事件の一番の特徴は、単なる一公務員労働者が、休日に職務と

関係なく自宅周辺で、政党のチラシを配布したことに対して、警察権力が、多大な資金と人員を投入して、その日常生活を監視し、関係各所団体への捜索・差押を行ったという異様さである。このような捜査が、先進国・民主主義国であるはずの日本で許されるのか、という驚きと怒りを感じた事件であった。

　戦前、治安維持法の下で、特高警察が国体に沿わない国民を、非国民として取り締まり、弾圧していった状況と全く変わっていない。

2　悪名高き猿払事件最高裁判決とのたたかい

　このような許しがたい暴挙が平然と行われたのは、司法反動の時代である1974年に出された猿払事件最高裁判決があったからである。この事件で勝利するには、この猿払事件判決を乗り越えなければならないという高い壁があった。

①猿払事件一審判決（【資料6】175頁参照）

　猿払事件一審判決は、国家公務員法101条1項、人事院規則14－7の国家公務員に対する政治的行為の禁止について、憲法21条1項の保障する表現の自由の制限に対する合憲性判断の基準として「より制限的でない他の選びうる手段」（LRAの基準）という厳格な合憲性審査基準を採用し、「機械的労務を提供するにすぎない非管理職にある現業公務員が政治活動をする場合、それが職務の公正な運営、行政事務の継続性、安定性およびその能率を害する程度は、〔中略〕より少ない」とし、「法の定めている制裁方法よりも、より狭い範囲の制裁方法があり、これによってひとしく法目的を達成することができる場合には、法の定めている広い制裁方法は法目的達成の必要最小限度を超えたものとして、違憲となる場合がある」と判示し、同条項を違憲と判断し、被告人を無罪とした。

　同事件の高裁判決もこの判断を維持している。

　一審判決の行間には、当時の裁判官が、憲法の人権規定の意味を理解し、現実の法規制との間の調和点をどこに見出すか、真剣に吟味検

討していたことが読み取れる。

　まさに、裁判所の下級審裁判官は、憲法の番人として職責を果たそうとしていたことが手に取るように伝わってくる説得力のある判決であった。

②猿払事件最高裁判決（【資料6】176頁参照）

　ところが、最高裁は、いわゆる「合理性の基準」と言われる緩やかな合憲性審査基準を発明し、これを同事件に適用して原審判決を覆した。

　「公務員の政治的中立性を損うおそれのある公務員の政治的行為を禁止することは、それが合理的で必要やむをえない限度にとどまるものである限り、憲法の許容するところである」

　そこには、憲法の保障する人権、とりわけ表現の自由をはじめとした精神的自由権への配慮は捨象され、時の政治勢力の意向に忖度したとしか思えない、高圧的な理屈の押し付けしか見られない。

　この判決が、その後の日本の人権活動や民主主義の成熟、司法の人権救済機能に果たした否定的な役割は極めて大きいと言わなければならない。

3　一審での主張（7つの争点）

　30年ぶりの判例変更が争点となる憲法訴訟であるという位置づけの一方で、本件は一刑事事件でもある。

　私たち弁護団は、考えられ得るあらゆる方法を用いていかにして被告人堀越明男を無罪に導くかに知恵を振り絞ることになる。

　2004年3月3日の逮捕・捜索、3月5日の起訴以降、4月22日には「守る会」を結成し、弁護団を結成。7月20日の第1回公判以降、法廷で以下のような法律論を整理し、無罪の主張を行った。

　　①公安警察による違法捜査により収集した証拠に基づく起訴であり、違法な捜査、それに基づく証拠による本件起訴は、公訴権の濫用として違法であり、公訴棄却されるべきである。

②本件公訴事実を基礎づける証拠は排除されるべきであり、有罪の
　立証がなく、被告人は無罪である。
③国家公務員法110条１項19号、102条１項、人事院規則14－７第５
　項３号（政治的目的：特定の政党その他の政治的団体を支持し又
　はこれに反対すること）６項７号、13号は、憲法21条、31条等に
　反する違憲・無効な法令であり、被告人の行為は罪とならず、被
　告人は無罪である。
④国家公務員法、人事院規則の諸規定は、市民的及び政治的権利に
　関する国際規約19条等に反する無効な法令であるから、被告人は
　無罪である。
⑤仮に、国家公務員法、人事院規則の諸規定が憲法や国際規約に反
　しないとしても、本件各行為にこれらの規定を適用することは、
　憲法21条、31条等に違反し、構成要件該当性を欠くので、被告人
　は無罪である。
⑥被告人の各行為は、人事院規則６項７号、13号にいう「配布」に
　当たらないから、被告人は無罪である。
⑦被告人の各行為は、実質的違法性を欠くから、被告人は無罪であ
　る。

4　公安警察官の反対尋問

　私が、弁護団の中で担った役割の一つは、公安警察官への反対尋問
を通じて、この捜査手法が如何に、偏向的かつ狙い撃ち的な市民・反
体制勢力への違法で異常な捜査であり、このような偏向的な権力の行
使は、民主主義社会において許されないということを明らかにするこ
とであった。
　一市民が行ったチラシ配布に対して、2003年４月から同年11月にか
けて十数人の警察官が、違法な尾行、写真・ビデオ撮影を密行的に
行っていたことが開示記録より明らかになった。
　当然、すべての検察官取り調べ請求証拠について弁護団は不同意と
し、法廷では、警視庁公安部の公安警察官を含む13人の警察官に対す

る尋問が行われることになった。

　私は、捜査の総指揮をとったT証人（警視庁公安総務課）、U証人（警視庁月島署警備課長代理）の尋問を踏まえて、現場部隊の中心人物であるE証人（警視庁公安総務課）の反対尋問を担当することになった。

　警察官は嘘をつかない、ではなく、権力機構を守るためにいくらでも嘘をつく。真実は絶対に話さない。このような中で、もっとも困難な相手に対する尋問をどう準備するか、は私にとって初めての体験であり、その大役の重圧を感じながら反対尋問の準備を進めることになった。

　まずは、何十通もの開示記録（現認捜査報告書、ビデオ解析結果報告書、資料入手報告書、捜査報告書、写真撮影報告書等）を何度も何度も精読して、それをメモにまとめる。日々の捜査の流れを時系列に整理して捜査側の描くストーリーの整合性や問題点をあぶりだす。

　先行したT、U両警察官の主尋問・反対尋問を踏まえて、Eへの反対尋問で明らかにする捜査の違法性、虚偽を暴くための事前準備を行う。

　何度も弁護団会議で議論した結果、数十頁の尋問メモができあがった。反対尋問の一問一答は、一つの質問に対して異なる複数の回答を場合分けして想定し、その想定したそれぞれの想定回答毎に、次の質問を用意しておくという周到な準備を行った。

　E証人に対する数時間の反対尋問の中で、どれだけ当初の狙いが実現できたか、今でも心もとないところがあるが、国家権力のある意味滑稽とも映る過剰捜査・違法捜査の実態の一端を法廷で明らかにすることができたのではないかと思う。

　後に述べるように、東京地裁は、猿払事件最高裁判決をなぞるように踏襲し、被告人を有罪としたが、判決理由の中では、関係機関に対するビデオ撮影捜査が、任意捜査の限界を超えた違法なものであることを認定せざるを得なかった（しかし、その瑕疵は軽微であるとして、違法収集証拠排除法則の適用を認めていない）。

5　学者との研究会

　当時私は、弁護士として10年目の中堅弁護士となっていた（1995年4月弁護士登録）。一定の弁護士経験を積み、中堅弁護士として実働の中心を担う立ち位置にいたため、憲法チームの責任者として研究者の組織・連絡を引き受けることになった。

　故奥平康弘東京大学名誉教授、大久保史郎立命館大学名誉教授の両教授を中心に、若手憲法研究者と弁護団で猿払判決をひっくり返すための研究会を1～2か月に1回のペースで開催していった。研究会の立ち上げの中心にあったのは、大久保史郎名誉教授である。大久保名誉教授は、猿払事件の際には、早稲田大学の中山和久教授の研究室に在籍し、労働法研究者の立場から中山教授と一緒に意見書作成に携わったという猿払事件のたたかいを経験した先生である。大久保名誉教授にとって、猿払事件から30年を経てのリベンジとなる堀越事件のたたかいに対する研究者人生をかけた思い入れは、誰よりも強く、若い研究者たちに次々と声をかけて研究会を組織していかれた。毎回の研究会は各回毎にテーマを決めて行われ、10名前後の研究者らが参加して議論をたたかわせた。

　また、新たに意見書作成や証人となることのお願いをするために、主に関西方面の研究者の研究室を訪ねた。

　現在の憲法学会をリードする研究者たちと出会い、勉強する場を提供してくれたのが堀越事件である。この時に知り合い、交流した研究者の先生方とは今でも個人的な付き合いが続いている。地方に出張した際には研究室に遊びに行き、また一緒に酒を酌み交わしたり、はたまた事件で行き詰まり、専門家のアドバイスが必要な時には、気軽に相談をしたり、場合によっては意見書の作成をお願いしたりして、私のその後の弁護士活動を豊かにしてくれた。

　それは、お金には換えられない生涯の財産であり、それら研究者の力を借りて、民事・刑事の事件で依頼者の権利を擁護することができたことは私の依頼者にとっても大きなメリットとなっている。

6 高裁逆転判決と最高裁判決

　堀越事件一審判決は、猿払事件最高裁判決に全面的に依拠して、国家公務員法の政治活動の禁止は合憲、被告人を罰金10万円の実刑とした。

　これに対して、控訴審判決は、弁護人の主張の一つであった適用違憲の手法を採用し、本件に国家公務員法102条1項及び人事院規則14－7を適用することは違憲であり、被告人は無罪とした。

　東京地裁判決と東京高裁判決の決定的な違いは、裁判所・裁判官が単に先例に引きずられて社会の矛盾から目を背けるのか、それとも時代や社会環境の変化を踏まえて社会「常識」の変化に対応した法解釈に正面から取り組むのか、という姿勢の違いであったと思われる。その手法や理屈には、もちろん弁護団から見て不十分と感じるところはあるが、少なくとも東京高裁の裁判官は、この被告人が有罪になることは、法律家として不合理である、という法的確信を持ち、その確信に沿った結論を導くために判決理由を書いたことは確かである。

　堀越事件最高裁判決は、高裁判決を維持し、被告人を無罪としたが、法令の適用違憲ではなく、法律条文の解釈という手法により無罪判決を導いている（判決文は【資料7】「③最高裁判決」181頁参照）。

　それは、高裁判決と比較して、より抑制的な法律解釈ということができるが、少なくとも、最高裁もこの被告人が有罪になることは、法律家として不合理である、という法的確信を維持したことは確かであろう（その限界については、【資料7】「（須藤意見）合憲限定解釈」182頁参照）。

③ 逆転のポイント

1 事実と理論（空中戦にしない）

　弁護士が遭遇するのは、個別具体的な刑事事件・行政事件・民事事件である。その事件が、どんな重大な憲法問題、法律問題を含んでいたとしても、一番大事なことは、ありのままの事実である。

　法律理論が先にあって、法律理論で事実を解釈するのではない。

もし、堀越さんが自民党の支援者であり、休日に自宅周辺で自民党のチラシを配布していたら、このような国家ぐるみの捜査はなされなかっただろう。もし、堀越さんが、バイト料をもらって宅配ピザのチラシを休日に自宅周辺で配布していたらこのような事件にはならなかっただろう。

　不偏不党を掲げる警察権力であるはずなのに、堀越さんが政権に批判的な共産党のチラシを配布していたからこそ、ただその一点の理由によってこの事件は発生した。

　その事実から出発し、その持つ意味をしっかりと裁判所に伝えることなしに、裁判官の気持ちを揺るがす弁護活動はできない。

　弁護団が、徹底的に事実を法廷に持ち込み、その問題性を生の事実で追及していったことが何と言っても逆転が勝ち取れた第一の要因であろう。

2　裁判官に恥ずかしいと思わせる

　もっとも、事実を徹底的に明らかにした第一審での弁護活動は、第一審では、裁判官の判断を変えるには至らなかった。ここまでやってもわからないのか、どうして勇気をもって違憲・無効判断ができないのか、と司法の壁を前にして、悔しさでいっぱいであった。しかし、その活動は、その後の控訴審、最高裁でのたたかいに生きることになる。

　事実の力は、絶大である。どんなに理屈であしらおうとしても、厳然たる事実は、こんなことが許される法律論があっていいのか、市民・国民が納得できる判決理由になるのか、という疑問を裁判官に抱かせる。たとえ受け入れられなくても、判決理由を書いていて恥ずかしい、と裁判官に思わせることが大事であり、その積み重ねがいつかは、裁判官を飛躍させることにつながるのである。

　また、私自身の経験としては、絶対に本当のことは言わない証人に、国家権力に対して、すべての力を振り絞っての反対尋問を行った経験は、その後民事・刑事を問わずあらゆる事件の尋問の原点となる

貴重な体験であった。

3 理論の重要性

　同時に、司法は、良くも悪くも過去の判例・裁判例との整合性を意識するところである。どんなに、心が動いても、どんなに被告人に同情しても、上級審で破棄される判決は絶対に書かない。

　弁護士として、常に頭に入れておかなければならないことは、これはおかしい、と裁判官に思わせると同時に、そのおかしいに理屈を付け、判例との整合性、あるいは場合によっては判例変更に耐えうる法理論を材料として提供してあげることである。

　その点で、私たちは、憲法理論の最高峰にいる研究者たちの総力を結集して理論構築に力を注いだ。

　一審の法廷で、意見書を提出してくれた研究者は憲法学者を中心に12名、そのうち法廷では、長岡徹関西学院大学教授(憲法)、佐伯祐二同志社大学法科大学院教授(行政法)、指宿信成城大学教授(刑事訴訟法)、大久保史郎立命館大学名誉教授(憲法)、市川正人立命館大学法科大学院教授(憲法)、故中山研一京都大学名誉教授(刑法)、阿部浩己明治学院大学教授(国際法) の各研究者に専門家として証言をしていただいた。

　それぞれの政治的立場や考え方にかかわらず、まじめに憲法や刑事法の研究に従事する研究者にとって、堀越事件はあまりにもショッキングな国家の暴走であり、30年前の猿払判例の亡霊の出現に、みな驚くと同時に、研究者の良心を発揮して渾身の力作である意見書を完成させてくれた。

　猿払事件最高裁判決は、どの法律専門分野から見ても、理屈の通らない法理論である。近代法の発展をあらゆる法分野で蓋をしている猿払判決を、様々な角度から批判することで、裁判所に判例理論の変更・修正を迫っていった。

4 教訓

1 偶然が仕事をつくる

弁護士は、受任の自由があり仕事が選べる職業である。その意味ではやりたい分野の仕事を選べるし、やりたくない仕事は断ることができる。これも、ある意味真理である。

他方で、具体的にどんな事件がくるかはたとえやりたい分野を絞っていても、自分で選べるわけではない。弁護士の仕事は、ほとんどすべて、偶然的な人との出会い、事件との遭遇で始まる。その偶然の出会いや出来事に対して、プロフェッショナルとしてどう向き合うか、その積み重ねが弁護士の人生を形成していくのではないかと思う。

堀越事件の場合、たまたま、私が事務所に早出出勤していた時に、かかってきた電話を受けたという偶然からのスタートであった。弁護士は、いつも忙しい。得てして、できれば新しい仕事に取り組むのを避けて今ある仕事に集中したい、と考えている瞬間に、このような困難な仕事は降ってくる。運命のいたずらのようなものである。「神様は作業服を着て近づいてくる」という西欧のことわざがあるが、まさにその通りである。作業服を着て近づいてきた神様を、嫌がらずに、何とか乗り越えられないかと格闘するうちに、次第に光が見えてきて驚くべき成果を勝ち取れることもある。

この事件も、そんな偶然と運命のいたずらが、判例を変える長い憲法裁判に取り組む始まりであった。

2 弁護士はおかしな先例を変えられる

堀越事件をはじめ、私たち弁護士の重要な職責の一つは、判例をつくる、おかしな先例を変えていくことである。

学生時代や修習生時代から理解・納得できなかった判例の一つが、猿払最高裁判決である。香城最高裁調査官の判例解説を何度読んでもわからない、私は頭がおかしいのだろうか、と自問自答した判例である。

弁護士の仕事は、判例があるから、先例があるから、で終わりでは

ない。判例や先例がおかしい、正義に反すると異議を申し立てる依頼者がいる、あるいは異議を申し立てざるを得ない立場に追い込まれた依頼者がいる。その時に、憲法や法律を駆使して、間違った法律・判例あるいは時代遅れとなった法律・判例に立ち向かえるという特別な権能を与えられた職業である。そしてその結果、いい判断を勝ち取ることにより、行政の運用改善や立法改正につなげることができる。ある意味、それは、憲法が弁護士にだけ与えた職務上の義務と言ってもよいかもしれない。その意味で、不正義に直面した時に、それを見過ごすことは職務上の任務放棄と言っても過言ではない。

　この事件の中で常に頭の中にあったのは、おかしいという疑問をやり過ごしていたら、人権と民主主義、司法は死んでしまうという職責上の責任感である。

7 | 西武新宿線ちかん冤罪事件

この人がちかんなどやるはずがない。決め手となった左腕にはめた大きな腕時計が無実を語る。

1 事案の概要

2003年10月22日（水曜日）。Mさんは、自宅最寄り駅から西武新宿線の電車に乗車し、いつものように市ヶ谷にある会社へ出勤していた。

Mさんは、「P駅からQ駅にかけての電車内で、乗客のA女（当時16歳）に対して、背後から無理やり、同女着用のパンティーの上から左手でその陰部をなで回すなどした上、引き続き、同パンティー内に左手を差し入れてその陰部を触るなどし、もって強いてわいせつな行為をした」との強制わいせつ罪の容疑で、逮捕・勾留され、起訴されるに至る。

2 逆転までの経緯

1 事件との出会い

この事件は、当時私が所属していた事務所の同僚弁護士が、顧問先の労働組合を通じて相談を受け、受任した刑事事件であり、ちかん冤罪事件である。

当時、私はいくつかのちかん冤罪事件に取り組んでいた。満員電車でのちかん被害が社会問題になり、警察は、鉄道会社と協力してちかんの撲滅キャンペーンを張っていた時期である。しかし、その撲滅キャンペーンの手法には、刑事手続き上の重大な問題点があった。

当時は、被害者女性を泣き寝入りさせない、勇気をもって声をあげた被害者女性のために必ず犯人を捕まえて処罰するという、社会的キャンペーンの下でちかん撲滅の取り組みが進められていた。しか

し、その陰では、あたかもベルトコンベアーに乗せられたかのように裁判にかけられ有罪判決を受ける、抵抗するすべもなく、早期釈放と引き換えにやってもいないちかんを自白させられるちかん冤罪被害者も造成することになったのである。

　そこには、人質司法と言われる日本の刑事司法システムの重大な制度的な欠陥があった。

2　人質司法の弊害

　すなわち、いったんちかん犯人と間違われると、次のようなことが通常起きていた。

　電車の中で、女性がちかん被害に遭い、「この人ちかんです」と叫ぶと、周りの乗客は、犯人の確保に協力する。時に女性は、ちかんの手首を握って高々と車内に挙げる。その際の捕まえられた日本人の典型的な反応は、ちかんをやっていようとやっていまいと、気が動転し、その場の混乱を鎮めるために、とにかく「すみません」と謝る。

　電車が、次の停車駅に到着すると、ちかんと目された男性は被害者女性と一緒にホームに降車し、駅員の到着を待つ。駅員は、2人を事務室に連れていき、別々の場所で警察官の到着を待つ。

　警察官は、2人の話を聞いた上で、署で詳しく話を聞かせてくださいと任意同行でその男性を警察署へ連れていく。

　当時は、加害者とされる男性の手の繊維採取などは行われていなかった。被害者女性が「ちかんです」という限り、その男性はちかんに間違いないのであり、あらゆる弁解は聞いてもらえない。警察署で誤解を解くために同行に応じたのに一切弁解は聞いてくれない。

　その後のストーリーは大体以下のようなものである。

　　男　性：ぼくは、ちかんなんかやっていません。何かの間違いです。
　　警察官：でも、被害者がちかんに遭った、あんたに間違いないと言っているんだから間違いない。

男　　性：それでも私はやっていません。

警察官：手続きについて説明します。

　　　　あなたは、既に現行犯で、逮捕されています。否認すると3日間逮捕が継続した後、勾留請求を行うことになり、20日間警察署で過ごすことになります。

　　　　正直に犯行を認めれば、あなたは会社も身元もしっかりしていますので、今日はこのまま会社に出勤していただいて結構です。

　　　　社会的な地位や家族もあるのですから、本当のことを話したほうがあなたのためです。

男　　性：でも、やっていないものはやっていないんです。

警察官：あなたは、「ちかんです」と電車内で言われた際に、「すみません」と犯行を認めていますよね。

　ちかん冤罪被害者が、「それでもぼくはやっていない」と言うことは今の日本社会では相当な不利益を覚悟しなければならない。やっていない、と否認した瞬間、会社は解雇となり、事業者は事業破たんとなり、家族は崩壊する、というリスクを一度に背負うことになる。少なくとも逮捕3日間＋勾留20日間の身体拘束を覚悟する必要があり、起訴されても勾留は保釈請求が裁判所により認められるまで数か月間続くことになる（当時、裁判所は、第1回公判期日での罪状認否、検察官取り調べ請求の証拠取り調べが終わるまで保釈許可を出さなかった）。

　仮に、無罪になったとしても、逮捕・勾留、起訴という事実は、今の日本社会では、社会人としての死を意味するといっても過言ではない。

　しかも、公判となっても、ちかん事件で無罪判決が出た先例はほとんど存在せず、有罪率99.9％という絶望の刑事裁判を何年もたたかわなければならない。

3　冤罪の温床に

　統計が存在するわけではないので、あくまでも私の経験からの肌感覚に過ぎないが、100名のちかんのうち、95名は真犯人であるが、5名（5％）は、人違いや被害者女性の勘違いによる冤罪被害者である。

　本来100名中10名は無罪にすべきである。何故5名ではないのか、と疑問を持つだろう。刑事裁判は、真犯人を処罰することも大事だが、無辜の被告人を間違って処罰しないというもう一つの大事な前提があるからである。どんなに灰色であっても、決定的な証拠がなければ「疑わしきは被告人の利益に」という刑事司法の大原則に従って、無罪とすべきなのである。このルールに従って、決定的な証拠がない事件（先の例でいうと5％）でも、被告人は無罪とならなければならないのである。釈然としないかもしれないが、このルールを厳格に守らない限り、無辜の人が誤って処罰されるという冤罪は、無限大に増産されていくことになり、裁判というシステム自体が崩壊してしまうのである。

　では、間違って、無罪となってしまってもよいのか？　それでもよいというのが近代司法の大前提である。裁判官も人であり、人である限り、必ず間違った判断をするのである。真実は、神様しかわからない。不完全な人間が不完全な制度で人を裁く以上、99人の真犯人を逃しても、1人の無辜を間違って処罰しない、というシステムを採用すべきなのである。

　これは、原発の安全性をめぐる議論にも似たところがある。一たび重大な事故が起きれば甚大な人的被害が予想される原発施設については、万万が一に備えた安全対策・事故予防策が要請される。99％の安全性、言い方を変えれば1％の対策不備は許されないのである。

　この事件で無罪判決を出した原田國男裁判官（当時）が、おっしゃっていた言葉だった思う。「真犯人が結果的に無罪になってもいいのです。その人を裁くのは、裁判官ではなく神様です。裁判では、まんまと裁判官を騙して無罪をかすめ取れたとしても、その後の社会生活の中で自分の悪行は必ずどこかで、罪を償う人生を送ることにな

るでしょう」と。

4　左手の大きな腕時計

　当時、何件ものちかん冤罪事件を受任し、10戦10敗であった私は、Mさんの事件の話を聞いて、志願して弁護団に入れてもらうことにした。

　私が、Mさんの事件の弁護団を引き受けたのは、二つの理由からこの人はちかんなどやっていない、との絶対的な確信を抱いたからである。

　一つは、被害者の言う犯行態様が、被告人には物理的には不可能であるという確信である。

　Mさんは、時計が趣味で、犯行当日もエアプロと呼ばれる厚みのある腕時計を左手にはめていた。こんな大きな腕時計をはめていては、女性のパンティーの中に左手を差し入れるなんて物理的に不可能だ。接見に行った際に、エアプロの話を聞いた私は、直感的にこれは冤罪だと確信した。

　事前にちかん行為をするつもりであれば、こんな邪魔な腕時計などしないはずだ、また乗車後にちかん行為をする意思を抱いたのであれば、左手ではなく右手を使うはずだ、こんな失敗確率の高い左手でのちかん犯行など絶対にあり得ないし、不自然である、という心証である。

　実際、私たちは、マネキン人形をレンタルして何度も再現実験を行った。また、関係者の妻などにも協力してもらい実験を繰り返した。裁判所にも再現実験結果を証拠として提出している。何度再現しても、左手のエアプロは、パンティーのゴムに引っかかり、陰部に左手を挿入することは物理的に不可能だった。

　なお、高裁では、実際に女優にモデルになってもらっての再現実験の映像を証拠提出した。この再現ビデオの作成には、周防正行映画監督の多大な協力があった。

5 被告人の人格・人間性への信頼

もう一つ、この事件は冤罪であると確信したのは、Mさんの人格と人間性への信頼である。

Mさんは、妻と2歳5か月（当時）の長男と3人暮らしの普通の会社員であった。結婚後、なかなか子宝に恵まれずにいたが、やっと授かった目に入れても痛くない子どもだ。Mさんにとっては、仕事を終えて家に帰り、妻と一緒に長男の日々の成長を見守るのが一番の幸せな時間だった。Mさんは、事件前日の10月21日、久しぶりに有給休暇を取り、長男と中野のおもちゃ屋さんに遊びに行った。長男は電車が大好きで、遊戯スペースでひとしきり遊んだあとは、帰りにMさんにガチャガチャで電車のおもちゃをねだり、2人は電車のミニチュアを買って自宅に帰ってきた。このようにMさんは、子煩悩な良き父親である。

弁護士は、依頼者からよく嘘をつかれる。騙されることも多い。しかし、何度も面会して言動を確認していく中で、その人の人柄や人格はおのずとわかってくる。生半可に嘘をついているのか、本人は無自覚に虚偽の弁解をしているのか、それとも本当のことを言っているのか……。Mさんの場合は、最初から最後まで、疑いの余地はなかった。この人は絶対にちかんなどやっていない。徹頭徹尾、無実の人の言動であるという確信が私にはあった。

そうなると、無実の人を無罪にする、という責任が弁護人には重い責任としてのしかかる。その責任を引き受けて逃げずにたたかう、というのが弁護士の役割である。

その子煩悩なMさんは、身体拘束され、自宅に戻れたのは、第1回公判期日が終了した後の、2004年2月4日、逮捕から105日目であった。

6 生活保護とバイト中の負傷

Mさんは、会社を解雇こそされていなかったが、休職扱いとなり収入の道が途絶え、蓄えも尽きて、生活保護を受給しながら裁判を取り

組むことになっていった。2004年10月16日、植木職人の父親から頼まれて、庭の掃除をすることになった。高い木の枝につかまりながら地上2メートルの高さの塀の上の落ち葉を掃く作業だ。不安定な態勢で掃除をしていたその瞬間、Mさんは体制を崩し、塀から落ちかける。とっさに木の枝につかまったが、その枝がバキッと折れて地面に転落する。腰にぶら下げていた植木バサミがMさんの右足の太ももにぐさりと突き刺さり、足は粉砕骨折の重傷を負った。

7　妻の自殺未遂

　2004年12月6日、東京地方裁判所での審理が結審し、判決日が翌年の1月21日に指定された。

　妻は、判決を前に精神的に不安定となり、クリスマスを前後して、うつ症状が悪化し、家庭内でMさんと口論となるなど不穏な雰囲気が漂っていた。

　1月9日、Mさんの妻は、左手首をナイフで切って自殺を図る。判決を前にして有罪宣告の不安に耐えきれなくなり、自分が死ねば無罪判決が出るのでは、と思ったそうである。

　発見が早く一命はとりとめたが、Mさんの家族は、判決を前に混乱状態が続いた。

　収入を失う中での不慮の事故に続く妻の自殺未遂。Mさんは、最悪の環境の中で一審判決を迎えることになる。

8　緊張して迎えた第一審判決言渡日

　2005年1月21日判決日。

　法廷で裁判官が主文を読み上げる。

　「被告人を懲役1年6月に処す。この判決確定の日から3年間刑の執行を猶予する」

　まさかの有罪判決である。ここまでたたかってきて、有罪判決だとは……。

　Mさんの頭には、警察署の刑事の言葉がよみがえる。

「どうせ、裁判でたたかっても無罪にはなりっこないんだから」

Mさんも私たち弁護団も、また支援してきた周囲の人たちも地獄のどん底に突き落とされたような気分だった。

Mさんは体力的にも精神的にも経済的にもボロボロの状態であった。精神不安を抱えた妻と幼い息子を抱え、果たしてこれからどうするのだろうか？　不当判決であり控訴したいのは弁護士として当然だが、ボロボロになった当事者に、不当判決だからたたかえ、と弁護士として言えるだろうか？

自分が当事者だったら、どうするだろう。

判決理由を聞きながら、これからどうすべきか自問自答した。

私たち弁護士が非力だったのか？　被告人を極限の精神状態にまで追い込んで、無実の被告人を助けることができなかった。裁判所には、正義はないのか、激しい怒りとともに自分に対する情けなさを感じた。

9　控訴

Mさんは、当日夜、妻と今後について相談したという。家族がボロボロの極限状態にある中でMさんは、有罪・執行猶予判決を受け入れ控訴を断念しようか、と妻に相談したそうだ。

自らの病とたたかっていた妻の返答は、「絶対に嫌だ。控訴してたたかおう」という意外な言葉だった。

Mさんの腹は固まった。もちろん、控訴を断念する気はなかったが、妻と息子を置き去りにして一人でたたかうわけにはいかない、と考えていたからである。

10　東京高裁での浜田寿美男名誉教授の協力

東京高裁での弁護活動は、新たな視点からの防御の補充を行った。弁護団では、供述心理学の第一人者である浜田寿美男名誉教授にお願いし、被告人と被害者の供述を心理学の観点から分析してもらい、鑑定意見書を作成してもらった。

浜田名誉教授の被告人供述の分析は、「ねつ造能力を超える供述」（64頁参照）という形で被告人の無実の訴えを信用性という観点から補強してもらった。この鑑定意見書は、裁判所にも響いたようで、裁判所は浜田名誉教授を鑑定証人として採用し、法廷で証言をしてもらった。

　この裁判の裁判長であった原田國男裁判官は、退官後、著書の中でこの鑑定を評価し、次のように語っている。

　「浜田氏の鑑定で、その時々の関心に沿った『図』を取り出し、それ以外のものは『地』として背景に沈めるという認知心理学の図地分節により説明できることがわかり、心理学的に十分ありうるものであることが明らかになった。

　裁判でこのような心理分析について専門家から意見を聞く例はそうはない。しかし、やはり、このような分野については、心理学の専門的な知見が必要で、裁判官の素人的な経験則では不十分であると思う。これからは、このような心理分析の活用が必要であるし、裁判員裁判も想定すると、説得力のある立証方法といえよう」（『逆転無罪の事実認定』勁草書房、2012年、88頁）。

　この裁判では、私自身、供述の信用性や供述心理学について何冊も文献を漁り、勉強する機会を得ることができた。

　原田裁判官が、「説得力のある立証方法」と言うように、私はこの事件以降、証拠が乏しい厳しい事件で、何度か供述の心理学的分析という観点から、立証を補充し、いくつかの事件では、具体的成果を上げることができた（本章「3　解雇無効確認請求事件（労働者側）」など）。

11　あっけない無罪判決

　判決言い渡しの日、無罪を期待しながら、有罪判決が宣告された時の反動が怖くて、私はどちらかというと、最悪の事態だけを考えて弁護人席に座っていた。

　「被告人は無罪」

原田裁判長の宣告を聞いた時、私は何が起きたのかしばらく意味がわからなかった。自分の中にあって事態を客観的に見ているもう一人の自分は、「これが無罪判決なんだ。無罪判決は、何事もなかったかのように静かに宣告されていくのだ」と他人事のように感じた記憶がある。

当たり前の判決が、当たり前に宣告される。その当たり前の判決を得るために、なんと裁判の道のりは遠かったことか。弁護人として、被告人のMさんに最低限の役割を果たすことができた。

うれしさというよりも、肩の荷が少し降りた、というのが偽らざるその場での感想であった（判決文については【資料8】参照）。

③ 逆転のポイント

1　時計は真実を語る

事件には、その事件特有のひっかかり、気になるツボ、というものがある。この事件のひっかかりは、やはり最初に直感としておかしいと感じた左手にはめたエアプロという大きな腕時計の存在である。被害者女性は、犯人は左手をパンティーの中に突っ込んできたと一貫して証言をしている。

しかし、この腕時計では、被害者女性が供述する犯行態様は、物理的に不可能である。仮に、被告人が犯人だとしたら、こんな物理的に不可能に近いちかん行為を敢えて左手ではやらないであろう。本当に被告人が犯人であるとしたら、腕時計をはめていない右手で犯行に及ぶはずである。この事件では、徹底して「左手」の犯行にこだわって立証活動を行った。

高裁判決は、この物理的不可能という私の最初の直感に対して、「若干の違和感」という表現を使って次のように判示している。
「被告人が当時左手首に若干厚みのある腕時計をはめていたことに関連しても、弁護人側の実験の結果、被告人がその左手で犯行に及べば、被害者のパンティーがずれ、特に、予期しない機会に突然手が抜けたような場合には、パンティーの上部が乱れる可能性もあり得ると

認められる。被害者がいう、そういう感覚はなかったということにもやや違和感が感じられないでもない」

　常識が、常識として裁判官に伝わり、無罪判決が出るまでに、なんと3年5か月の歳月を要した。

2　刑事事件の難しさと、執念（あきらめない）

　あきらめずに控訴したことが、勝因の一つであろう。

　刑事事件で無罪を勝ち取ることは、今の日本の刑事司法のシステム下では本当に至難の業である。絶望して刑事事件はやらない、という弁護士も多い。しかし、刑事弁護人は弁護士の独占業務であり、弁護士が刑事弁護を放棄すると日本の刑事司法は死んでしまう。

　制度の改善を要求しながら、一つ一つの事件の中で、風穴を開けていく努力をしていくべきであるし、また、自分自身がそのような余裕がなくとも、弁護士会全体で、また若手支援の形で、変革の努力をやめないことが私たち弁護士の使命だと思う。

3　弁護団の拡充

　この事件は、同じ事務所の同僚（当時）である加藤健次・菅俊治の両弁護士と当初受任した事件である。やっていく中で、どうしてもこのMさんは無罪にしなければならない、と思った私は、2人の了解を得て、別のちかん冤罪事件で弁護団を組んだ経験のある友人の今村核弁護士、元裁判官である秋山賢三弁護士、刑事訴訟法の研究者である荒木伸治弁護士に応援を依頼し、快く弁護団に加わってもらった。

　このような重い事件は、できるだけ有能で経験のある弁護士に協力を仰ぎ助けてもらうことも、依頼者の権利擁護のためにとても重要である。

　とりわけ今村弁護士の無罪獲得に向けた執念とこだわりは、私のような平凡な弁護士にとっては、とても刺激的で学ぶところが多い経験となった。

4 周防正行監督の参加

　もう一人。この事件の影の立役者は、一審の公判開始以前から、取材という観点でこの事件に密着していた映画監督の周防正行さんである。周防さんは、この事件以前から、裁判制度やちかん冤罪に深い関心を持ち、様々な企画に参加されていたが、私たちの事件のことを知り、法廷はもちろんのこと毎回の弁護団会議にも参加していただいた。詳細は書けないが、映画監督という映像の専門家の立場から、犯行再現ビデオの撮影や証拠作成にボランティアとして力を貸していただいた。

　高裁での無罪獲得に大きな役割を果たしたことは間違いない。

　高裁での無罪判決を受けて、映画『それでもボクはやってない』は、クランクインする。法廷でのシーンと映画のシーンとは、重なるところも多く、この事件に弁護士として関われたことを誇りに思う。

5 原田國男裁判官との出会い

　被告人と弁護士は、裁判官を選べない。したがって、どんな悪い裁判官に当たっても、弁護人は全力を尽くして依頼者の権利を擁護しなければならない。負けた時に、裁判官が悪かったという弁解は、依頼者にとって無意味である。

　しかしそのような姿勢で、一つ一つの事件に取り組んでいると、良心を持った力量のある裁判官に当たることもある。

　この事件で、高裁で無罪判決が取れたのは、やはり事実を事実として見極める力を持った裁判官がいたことであろう。

　前掲の著書の中で、原田國男裁判官は、この事件を「心に残る」事件として紹介している。ぜひ、一読を勧めたい本である。

④ 教訓

1 弁護人は、被告人にとって最後の砦

　後日、弁護士会で、退官された原田國男裁判官の講演を聞いたことがある。その時のお話で、刑事弁護人の仕事に関して原田さんが話し

た心に残っている言葉がある。

「無実かもしれない目の前の被告人は、社会から会社から家族から見放され誰も頼るものがない。その時に、弁護人がその人を見捨てたらこの世の中で誰が被告人を救済することができるのでしょうか？　弁護人が、死に物狂いで弁護活動をしてくれなければ、裁判官は無実の被告人を救うことはできないのです」

この言葉は、刑事弁護のみならず、すべての事件の代理人として常に肝に銘じている言葉である。

2　刑事事件は民主主義成熟の尺度

日本の刑事司法には、様々な問題が山積している。まさか自分が刑事被告人になろうとは思っていないので、その問題点に対する世間の関心や問題意識はそれほど高くない。

しかし、その一方で、不幸にも犯人と間違われて一生濡れ衣を果たすためにたたかわざるを得ない人たちが存在するのも確かだ。

刑事事件、刑事司法は、その社会の民主主義の成熟の度合いを測る尺度ともいえる。メディアのセンセーショナルな事件報道だけが先行し、社会の不満のはけ口にでもするかのように凶悪犯や破廉恥犯に対して、時には何の罪も責任もない家族に対してもバッシングがなされる。家族は、地域コミュニティーの中で孤立し村八分にされ、多くは家を移り住み、息を殺して見知らぬ土地でひっそりと生きるしかなくなる。しかし、冤罪については、関心はどうしても集まらない。

また、犯罪者であっても刑を終えた人々は、当然社会に復帰して人間らしい社会生活を送る権利がある。しかし、受刑者たちを温かく受け入れて更生の援助をしようという風土は今の日本社会にはない。それが再犯を助長することになる。

このような現実を社会に知らせ、改善改革を世に問うことも地味な仕事であるが、私たち弁護士の重要な仕事である。

3　弁護人がたたかわない限り日本の刑事司法は進歩しない

　この事件で無罪判決を取って以降、私には、ちかん冤罪や、その他の冤罪事件の相談が舞い込むようになった。

　弁護士が大幅に増員された影響もあり、今現在、国選事件や当番弁護士の受任を希望する若手弁護士が増え、この十数年、私は国選事件や当番弁護士は基本的に引き受けないことにしている。

　相談を受けるのは、私選の刑事事件がほとんどで、その大半が「それでもぼくはやっていない」といういわゆる否認事件ばかりだ。

　民事事件では、請求を認めるとそもそも裁判にならない。認諾調書が作成され判決は出ないのである。証拠調べもない。99％の民事事件では、どんなに不利な立場であっても被告は、請求の趣旨について棄却の裁判を求め、請求原因事実を否認又は争う。

　にもかかわらず、刑事裁判となると起訴事実を認める事案がほとんどである。日本の伝統的文化は、反省を迫る。反省もなく罪を認めないと、結果的に不利益な判決が下される。それを誰もおかしいとは思っていない。

　しかし、刑事裁判は、一つの手続きである。真犯人であっても、検察官側が、合理的疑いを超える証明をしない限り、その真犯人は無罪なのである。

　事務所に入所したある若手弁護士は、事務所に入ってから刑事事件で否認事件しか経験がないと笑いながら言っていた。証拠裁判主義を貫く以上、やっていても証拠がなければ否認して争うべきだと私は思う。

　否認して、検察官提出の甲号証の提出を不同意にすれば検察官は、証人尋問その他の方法で犯罪事実を立証しなければならない。でも、それが本来刑事司法の原則ではないだろうか。自白に頼らず犯罪を立証できてはじめて国家は有罪認定を行い、被告人を処断できる、というシステムなのである。

　今の刑事司法は、あまりにも自白に頼りすぎており、自白に頼る安心感から本来あるべき刑事司法の原則や無罪推定の原則がおざなりに

され、それが結果的に冤罪の温床になっている。心理的に自白に追い込むために長期の身体拘束をする。長期の身体拘束は、被疑者・被告人、弁護人にとっては、結果的に弁護活動の大きなハンディキャップとなる。

　否認すれば、検察官は一生懸命に客観証拠で有罪を立証しようと努力する、裁判官も客観証拠から有罪の心証を取ろうとする。

　つまるところ、弁護人が刑事訴訟法を駆使し、徹底的に争うことにより、検察官、裁判官が法曹として研鑽を積む場を提供し、刑事司法手続きの質を向上させることになる。何も、検察官や裁判官が憎くて否認するわけではない。ルールに基づいた弁護活動を行っているだけである。

　この辺の意識の改革が今、何よりも刑事司法の民主化には必要となっているのではないかと思う。

第3章

逆転のために
忘れてはならない
根本問題

1 | 現在の司法制度で弁護士は使命を果たせるか

① 逆転勝利を考えるために忘れてはならないこと

1　弁護士の誰もがぶち当たる壁

　これまで、現在の日本の法律制度や司法制度を前提に、困難な事件にどう向き合うか、という観点で筆を進めてきた。少し、視点が変わってしまうが、最後にどうしても触れずにはおれないことについて、私見を述べておきたい。

　当事者対等（もっともこれも理念上の問題であり、大企業と一市民の争いなど実質的には非対等な事件は少なからずある）あるいは、武器対等な民事事件の場合、同じ法律を使って職人である弁護士が努力して少しでも依頼者にプラスになる結果を勝ち取ることは、弁護士のとても大事な仕事であり、その努力を怠ってはいい仕事はできない。

　しかし、他方で、武器対等ではない、というケースもたくさんある。様々な事件の代理人、弁護人をやっていると、弁護士は必ずこの壁にぶち当たる。

2　刑事裁判でのハンディキャップ

　例えば、刑事裁判がその典型である。「疑わしきは被告人の利益に」という無罪推定を前提とした憲法や刑事訴訟法の原則がある。大学や司法試験の勉強で頭に叩き込まれてきた原則である。しかし、果たして現実の実務で、被疑者・被告人は無罪推定原則の下で、人権保障がなされているだろうか。多くの弁護士や研究者が感じている通り、理想と現実には天と地ほどの開きがある。人質司法という身体拘束が、被疑者・被告人の実質的防御権を制限しているのも事実である。それは、刑事弁護人を経験したすべての弁護士が実感しているところであろう。

多くの刑事事件の場合、被疑者・被告人は無資力あるいは経済的に十分な防御活動を行うだけの余裕はなく、限られた資源の範囲で、時に弁護人の手弁当に頼りながら、何とも心もとない防御活動を行わざるを得ない。他方で、警察・検察側は、有罪立証のために国家予算をいわば無制限に使用することができる、というアドバンテージを有している。公平で公正な裁判といっても、100メートル競走は、弁護側がいつもそのスタートラインから大きなハンディキャップを負っていることを我々は嫌というほど思い知らされている。

3　国や地方公共団体を相手にする事件

　原発やダム建設問題などの国家施策に関わる訴訟、行政行為の違法を争う行政訴訟なども、原告側住民、被害者と国家、地方公共団体との間には、その活用できる資源（経済力を含む）には雲泥の差がある。そして、多くの識者が指摘するように、裁判所は、立法・行政から独立した権力であり人権救済のための機関であるという建前にもかかわらず、政治部門の決定に対しては、司法判断に極めて消極的であり、結果的にこのような事件においては、立法・行政側の判断にお墨付きを与える判断に傾きがちであることは否定できない。その歴史的背景については、後述することにする。

　救済されるべき人々が救済されない、あるいはたたかうこと、権利を実現することをあきらめて泣き寝入りするしかない、という現実こそが問題である。本来、弁護士は少数者の権利の救済や不正義の是正のためにその職責を与えられているのに、その職責を果たしきれない挫折感・無力感を味わい、自分を信頼して依頼をしてくれた依頼者の期待に沿うことのできないことへの何とも言えない申し訳ない気持ちを常に抱きながら日々を過ごしている。

　そこには、権利を実現するためにそれ相応の費用の負担も覚悟する必要があり、そのかけた費用に見合う結果を裁判所は出してくれるのか、という壁もある。これは、一弁護士の力ではいかんともしがたい大きな課題である。

4 制度改革なくして社会正義は実現しない

このような根本的な問題に目を向け、個別の事件で弁護士がいい仕事を積み重ねながらも、少しずつでも今の日本の司法の在り方や問題点を改善していく姿勢を持ち続けることが、とても重要なことであると私は思う。

それは、負けたのは裁判所が悪い、今の司法制度が悪いという負け惜しみや責任転嫁ではない。制度の改革なくしては真の意味で社会正義や基本的人権の擁護は達成し得ない、と私は確信しているし、そのことを指摘することこそが私たち現代に生きる法律家の責任であると考えるからである。

この点では、日弁連はじめ弁護士会の役割はとても重要だと思う。弁護士会が弁護士と弁護士会の自治を守り発展させながら、司法制度そのものを国民・市民のために変革していくべきである。弁護士会の中にも様々な意見の人がいるし、解決しなければならないたくさんの課題があるが、司法に一番身近なところにいる存在として弁護士会がしっかりとその職責を果たすことは大事であるし、一人一人が自覚をもって弁護士会を支えることが重要だと考える。

私が、そのような自覚を持続できるのは、負けても、負けても屈しない不屈のたたかいを続けてきたすばらしい先人弁護士が無数に存在するからであり、また今の時代にも優れた活動を続けている先輩・後輩弁護士が存在するからである。そのような尊敬すべき法曹の姿を見ていると、多少の困難や壁に遭遇して弱音を吐いてはいられない、自分も自分のできる範囲で、たたかわなければ、という思いに駆られるのである。

② 2001年の司法改革
1 法曹人口を増やす、という選択は正しかったのか

司法の問題を考えるには、2001年以降の司法改革をどう考えるのか、という大問題を避けては通れないと私は思う。

2001年6月12日、司法制度改革審議会は、日本の司法の現状を分析

した上で、一連の司法改革（『司法制度改革審議会意見書—21世紀の日本を支える司法制度』）を提言した。

　意見書は、21世紀の司法制度の姿として、（1）国民の期待に応える司法制度の構築（制度的基盤の整備）、（2）司法制度を支える法曹の在り方（人的基盤の拡充）、（3）国民的基盤の確立（国民の司法参加）を司法改革の三つの柱として掲げた。この提言に基づいて、20年の間に、以下のような様々な改革や新しい制度の導入がなされた。

　民事司法制度改革では、民事裁判の充実・迅速化や労働審判制度、ADR（裁判外紛争解決手段）の充実・活性化、行政訴訟制度の見直しなどが取り組まれてきた。

　刑事司法制度改革では、裁判員制度の導入や被疑者・被告人の公的弁護制度の整備などが行われた。

　司法制度を支える法曹の在り方に関しては、法曹人口の拡大・大幅増加が提言され（年間3000人程度の司法試験合格者）、新たな法曹養成制度として法科大学院（ロースクール制度）の導入が提言された。これらの法曹養成制度の改革の結果、司法研修所での修習期間は短縮されるとともに司法修習生に支給されていた給費（給料）が廃止されるということになる（後に一部復活）。

　他方、これらの司法改革については、個々の制度について、もちろん前進面があることは確かであるが、ロースクールの相次ぐ募集停止と廃止、法学部・ロースクール・司法試験を目指す志願者の激減、弁護士の窮乏化など、様々な弊害が問題とされ、決して改革は成功したとは言えない状況にある。

　とりわけ、法学部やロースクールの志望者、司法試験受験者がこの数年激減していることは由々しき事態である。誤解を恐れずに言えば、優秀なエリートこそもっと法曹を目指してほしい。そうしないとこの国の民主主義は枯渇してしまう。優秀なエリート人材とは、自分の能力や技術を狭い自分の利益のために使うのではなく、今社会に必要とされていること、地球と世界の進歩のために必要とされていることに、時には自分を犠牲にして捧げることのできる資質を持った人た

ちである。

「法の支配」を社会の隅々まで広げること、に誰も反対はしない。しかし、それをどう実現していくか、という具体論は、単に机上で考えていても実現するものではない。私は、1995年に弁護士登録してから四半世紀にわたって、この司法改革の渦中で弁護士としての仕事に従事してきた。

その中で、現代社会の中での弁護士の役割とは何なのか、ということを自問し続けてきた。もちろん、明確な答えが見つかっているわけではない。いつも悩み、考えながら走り続けているテーマである。

司法制度改革の諸提案、中でも法曹人口（それは結局弁護士の大幅増員を意味した）とロースクール制度の創設が計画された時、弁護士内部の世論は賛否両論真っ二つに二分された。罵り合いとも言えるような深刻な対立が生じ、その亀裂は今でも尾を引いている。

当時、日弁連をはじめとした各単位弁護士会、私の所属する各種の法律家団体でも、社会的影響力を有し尊敬する弁護士たちが、賛成派、反対派にきっぱりと分かれ、何時間も激論を交わしていたことを今も思い出す。このような対立の背景には、この改革が国民世論の積み上げではなく官製の上からの主導で推進された司法改革であり、その背後には、「弁護士を増やして自由競争をさせ、もっと安価で使いやすい弁護士制度にする」というアメリカや財界の要望が見え隠れしていたためである。そして反対派には、日本社会の中で権力に対して自由にモノが言える数少ない集団である弁護士会の自治を弱体化し、形骸化することへの強い危惧があった。

私は、当時、今のままの司法制度ではいけないという思いを強くもっており、弁護士自身の意識改革が必要と感じていた。反対派の危惧を十分理解しながらも、改革の中で弁護士自身が変化することが必要との思いから、どちらかというと改革自体には賛成し、その中で問題点を改善していけばよいというスタンスを取った。

「弁護士は市民にとって敷居が高い」「裁判所は、市民にとって一生近づきたくないお役所である」というのはよく耳にする言葉である。

一般市民は、「裁判沙汰」を嫌う。訴状が届くと、罪人にされたような気持ちになり、提訴した原告を恨み激怒し、意気消沈する。これは、普通の日本人の感覚である。そして、この20年来の弁護士数の増加にかかわらず、このような国民性、文化的背景に大きな変化は見られない。敷居をどう取り除いていくか、それは当時も今も考え続けなければならない答えの出ない難問である。

2 不安定化する弁護士の社会的地位

　司法制度改革審議会は、「経済・金融の国際化の進展や人権、環境問題等の地球的課題や国際犯罪等への対処、知的財産権、医療過誤、労務関係等の専門知見を要する法的紛争の増加、『法の支配』を全国あまねく実現する前提となる弁護士人口の地域的偏在の是正の必要性、社会経済や国民意識の変化を背景とする『国民の社会生活上の医師』としての法曹の役割など」の要因により、日本においては弁護士の需要が激増すると予測した。

　審議会があげる上記の社会変化に対して、私も専門知見を有するたくさんの弁護士が必要であることに異論はない。

　しかし、抽象的な需要ないし潜在的な需要はあっても、それを担う弁護士に専門知識にふさわしい経済的基盤が保障されなければ、需要に対する持続的なコミットを弁護士が行うことはできないであろう。

　加えて日本には、司法書士、税理士、弁理士、行政書士、社会保険労務士、土地家屋調査士などのいわゆる隣接士業が存在し、法律実務の一部をそれぞれの士業が担っているという欧米にはない特殊事情も存在する。

　司法改革が本当に社会の隅々まで法の支配を貫徹するというその出発点に依拠し、そのために真剣に社会正義の実現や基本的人権の擁護に資する諸制度を、十分な予算措置をとって推進するという施策を徹底していれば、事態はもっと違うものになっていたであろう。

　しかし、弁護士人口は増えたものの、司法を担う弁護士の社会的位置づけはあいまいなままであり、結局法律家ではなく食べていくため

に汲々とせざるを得ない法律屋が増えてしまったのではないかという感がある。

　今新しい分野で、若手の弁護士が様々な社会性を持ったリーガルサービスに挑戦しようとしていることも知っている。また、経済的な弱者に対する司法アクセスを拡充するために法テラスなどの援助制度も広がっている。ただ、その実態を見ていると、あまりにも貧弱な司法関連予算の下での、このような献身的なリーガルサービスはますます弁護士の経済的地位を低下させ、社会に貢献しようとすればするほど自らが貧困化してしまうという負のスパイラルに陥っている面がある。

　法曹三者の中で、激増したのは弁護士だけであり、裁判官や検察官の数はあまり変化していない。

3　大野正男弁護士の弁護士論と弁護士の経済基盤

　戦後、刑事弁護の分野で活躍し、1993年には最高裁判事となった大野正男弁護士は、『職業史としての弁護士及び弁護士団体の歴史』（日本評論社、2013年）という著書の序説の中で、弁護士の意義と経済的基盤に関して、極めて重要な問題提起を行っている。

　大野弁護士は、弁護士時代には、悪徳の栄え事件、西山事件、砂川事件、全逓東京中郵事件など戦後の司法の歴史に残る数々の事件の刑事弁護人を務めた弁護士である。大野弁護士は以下のように指摘する。

　現実には、その職業が社会的に有意義であるか否かは、それによって得られる経済的利益を無視して考えることはできない。というより、職業倫理が経済的利益追求をこえて成立するのは、その職業が一定の経済的条件をみたしている場合に限られるのである。

　私は、大野弁護士の言うように、弁護士は、営利の追求を目的としない職業であり、それが我々の職業倫理であるべきだと考えている。しかしその基盤が今揺らいでいるのは、上述のような司法改革の中で弁護士の経済的基盤が崩壊しているからに他ならない。経済的基盤の確立と職業倫理の確立は表裏の問題である。

2 歴史から弁護士の在り方を考える

① 日本の弁護士が辿ってきた経緯

1 2008年夏

　2008年の夏、機会があってアメリカのニューヨーク、ワシントンD.C.を訪問し、3週間ほど滞在した。主な目的は、日本のロースクールの学生たちと一緒にアメリカのロースクールで学ぶためである。ニューヨークでは、あの有名な自由の女神を見物し、刑務所訪問や法廷傍聴などにも参加して、アメリカの法制度や民主主義を肌で感じるいい機会となった。

　今のアメリカ社会は報道でもある通り、人種差別や経済格差の問題など根深い社会問題を内包し、手放しで賛美できるような国だとは思わない。しかし、他方で、あらゆるものに寛容で、誰もが国の主人公としてこの国を支えているという民主主義の息吹を感じたのも事実だし、実際に現地に行ってみてアメリカの懐の深さを肌で感じられたことは、それまでアメリカに対して食わず嫌いで過ごしてきた私にとって大きな収穫だった。

　渡米した時は、ちょうど、バラク・オバマが大統領選挙に向けてキャンペーンを展開している時期だった。帰国後、リーマンショックが起きて日本経済も大きな岐路に立たされたが、アメリカは史上初のルーツを黒人に持つ大統領の下、経済危機を乗り切っていった。

2 絶対王制から勝ち取った人権

　日本における人権や法を担うべき弁護士の社会的位置を考える時、やはり近代民主主義が形成されていった歴史との関係を考えざるを得ない。

　人権の考え方は古くはイギリスにおける1215年のマグナカルタに遡

ると言われる。国王ジョンの重税政策に対してブルジョワジーが怒り、国王といえども法律なくして課税はできないと権力に抵抗し、権力を縛る法の存在を認めさせたのが今から800年以上前の出来事である。

その後、やはりイギリス国王の重税政策への怒りに端を発したのが、植民地であったアメリカの13の州の独立運動であり、それが一つに結実したものがアメリカ独立宣言（1776年）である。

独立宣言は、天賦人権の思想により権力が奪い取ることのできない平等権、生命、自由、幸福追求の権利が付与されていることを宣言し、そのような絶対不可侵な基本的人権を踏みにじる治者に対しては、その政府を作り変える権利＝革命権があることを謳っている。

この天賦人権論や革命権の思想は、ヨーロッパにも大きな影響を与え、1789年のフランス人権宣言へと引き継がれることになる。

欧米では、個人の自由や財産を権力から守るために法が発展していった。それを担っているのが法律家、という歴史が存在する。

ジョン・ロックの所有権絶対の思想も、もともとは国王から自由や財産を奪われることのない市民的権利としての思想から出発している。

このような法を担い、実現していくのが法律家、すなわち弁護士の社会的役割であった。

3　日本と近代民主主義

翻って日本の場合はどうだろうか。

もともと、江戸時代には弁護士の前身は代言人と呼ばれ、三百代言と言われるように、社会的地位は低かった。

明治維新は、下からの社会革命ではなく、社会の変化は絶対主義天皇制の下、上からの近代化という形で進められていった。

ヨーロッパから憲法や近代民主主義の思想や制度が持ち込まれたが、明治政府の近代化は国家主導、官尊民卑の中で、有能な官吏が立法、法制化を進めていった。

そこにおいて、欧米のような国家を縛る憲法や法という考え方は社

会全体に広がることはなかった。

　すなわち、日本の歴史の中には、市民が治者に対してその横暴を排除し、市民が人権を掲げて政府を作り変えるという社会的実践を経験することなく、人権思想というものが翻訳されて輸入されたという特殊な経緯がある。

　民法の制定の過程において、RIGHTという言葉の日本語訳が存在せず、最終的に「権利」という漢字が割り当てられたというエピソードは、いかに人権や私権という概念とかけ離れたところで日本社会が長らく成り立っていたのかを示している。

　明治憲法の下では、三権分立は形式的なものに過ぎず、司法制度においても、官吏である裁判官、検事の地位が高く、弁護士は法曹の中で一段下の立場に甘んじるしかなかった。

　弁護士には、独立した立場と自治は保障されず、司法省の監督下に置かれ、国家の政策にたてつくと官憲に処罰され、資格をはく奪されるという弱い立場にあった。

　このような、歴史的背景は、日本において弁護士がどのような役割を果たしてきたかを考察する上で、避けては通れない歴史的事実である。

4　陰に隠れていた日本の弁護士

　歴史的に見ると、市民革命を経ずに上からの近代化を成し遂げた日本においては、政策官僚が法の主要な担い手であり、弁護士は、どちらかというと陽の当たらない零細企業というニッチな分野で活動をする存在であった。

　もちろん、戦後の高度経済成長やこの20年来の経済活動のグローバル化の中で、社会の中で弁護士の果たす役割は変容し、また弁護士業務の在り方も多様化した面があることは否定できないが、法の支配の掛け声がなかなか社会全体に行きわたらないのは、行きわたらないなりの文化的・社会的背景があることは厳然たる事実である。

5　戦後の日本国憲法と弁護士法の制定

　敗戦後、日本は、初めて近代憲法である日本国憲法を制定し、これを受けて弁護士法が制定される。

　憲法では、権力の暴走をチェックするため三権分立が確立され、これまで法律の留保付きであった人権保障が明記された。弁護士法では、弁護士自治が保障され、弁護士と弁護士会は国家の監督を受けない独立の地位を獲得することができた。

　しかし、その理念が戦後必ずしも文字通り実現できているわけではないことは、よく知られている通りである。

　戦後においても、弁護士が法律の専門家として社会の表舞台に立つ場面は極めて限られていたというほかない。

　民主主義国家として出発した戦後日本においても、国の立法を主に担ったのは官僚であり、在野の弁護士が政策形成や立法に携わる場面は限られていた。

　弁護士は、よく在野法曹と言われることがある。もちろん、権力におもねることなく法を武器にして弱者の権利を守る職業という意味で肯定的評価を込めた呼称である。

　実際、弁護士の歴史を紐解くと、戦前から労働争議や刑事事件、弾圧事件など困難な事件を、体を張って取り組んできた優れた弁護士の先輩は枚挙にいとまはない。戦後も、4大公害事件、薬害、労働、刑事えん罪事件などをはじめとして、多くの在野法曹が活躍をしてきた。

　これらの人権闘争が日本の弁護士史として輝かしい光を放っていることは疑う余地もない。そして、私も含め多くの若者たちがこのような先輩在野法曹にあこがれて弁護士の道を目指していった。

　しかし、見方を変えると、人権思想が戦後においても日本社会に根付かない中で、外からあるいは在野から必死の人権獲得闘争を弁護士はやらざるを得なかったとも評価できよう。

　日本国憲法で、国民主権となったが、治者と被治者の同一性は実現できていない現実がある。

6 現代の弁護士が果たす役割

弁護士とて、歴史とそれを引き継いだ社会、国民・市民の意識の制約の中で存在する。

如何にすばらしい法ができようとも、それが社会で十分に活用されるかどうかは、その社会の状況によって左右される。少なくとも、私たち弁護士は、裁判、法による紛争解決はあまりよくないもの、どうしようもない場合の最後の手段、という意識の中で日常業務に従事せざるを得ない。

しかし、他方で戦後の民主化、日本国憲法による人権保障の中で、勇気を持って裁判に立ち上がっていった人たちのたたかいや、人権意識の確立という積極面にも目を向ける必要がある。異種の文化的背景を持つ人々の間での社会的・経済的・文化的交流が更に深まっていくであろうグローバル化社会において、法による紛争解決は「共通言語」であり、今後ますます法とその専門家である弁護士の果たすべき役割は重要な意味を持つであろうことを確信している。

② 戦後の日本国憲法の制定とその後の司法反動

1 日本国憲法の不幸な歴史

司法改革に関して、もう一つ指摘せざるを得ない根本問題は、戦後の司法をめぐる政治の歴史そのものである。

前述のように、日本は戦争放棄を謳った近代憲法としての日本国憲法を制定する（1946年11月3日制定、1947年5月3日施行）。

憲法では、司法が侵略戦争に加担した反省から、三権分立の下、司法権と個々の裁判官の独立が保障された他、弁護士法（1949年6月10日制定、1949年9月1日施行）で弁護士自治が保障され、弁護士は国家の監督を受けない独立の地位を確保した。

しかし、司法行政は戦前の組織とその担い手をそのまま承継した面が多く、戦後の民主主義的改革は不徹底のまま新憲法の運用が始まる。そして、1949年の中国革命の成功による中華人民共和国の樹立、1950年の朝鮮戦争勃発を契機として、占領軍・アメリカの対日政策

は、日本を反共産主義の防波堤として活用するという政策に転換され、日本の民主的社会変革はアメリカ自らの手で180度の転換をさせられてしまう。

　その影響をもろにかぶったのが、裁判所と司法であった。

2　憲法の精神を生かした判決の登場

　1960年代前半までは、労働運動の中で主要な影響力を持っていた官公労働者の労働組合に対して、日本国憲法の下でも「公共の福祉」論、「全体の奉仕者」論の名の下に、労働基本権は制限され、法律により罰則を伴った制裁が科せられていた。

　ところが、1966年に最高裁は、全逓東京中央郵便局事件判決で、郵政労働者に対して「全体の奉仕者」論の適用を否定し、公務員も憲法28条の労働基本権の保障を受けるべきであり、権利の保障と国民生活全体の利益とを比較較量して両者を調整すべきであり、その制限は必要最小限であるべきとし、争議行為が国民生活に重大な障害をもたらすなどの例外的な場合を除いて、刑事制裁は許されない、との合憲限定解釈の方法により、被告人を無罪とした（1966年10月26日）。

　その後も、地方公務員の労働基本権に関して都教組勤評反対闘争事件最高裁判決（1969年4月2日）、国家公務員の労働基本権に関する全司法仙台事件最高裁判決（1969年4月2日）と、憲法の精神を生かした判決が続いた。

3　違憲から合憲へ

　しかし、これらの最高裁判決と最高裁裁判所に対して、自民党政府から重大な攻撃が始まる。司法反動と呼ばれる動きである。

　自民党政府は、最高裁判事の任命権を使って、政府の意に沿わない最高裁判事を次々と意に沿う判事に入れ替えて、15名の最高裁判事の構成を変えてしまった。

　1966年の全逓東京中央郵便局事件は、賛成8対反対4で、1969年の都教組勤評反対闘争事件判決は、9対5で、違憲無罪判決が出た。

それが、最高裁判事の入替えの結果、1973年4月25日判決の全農林警職法闘争事件判決では7対8で、違憲判決は取り消されてしまう。

　同じような流れの中で、第2章で紹介した公務員の政治活動の自由に関する猿払事件最高裁判決も、1974年11月6日、4対11で合憲有罪判決になっている。

　戦後、そして高度経済成長の時代に高揚した労働運動が、今無残にも衰退したのは決して内部的要因によるものではない。もちろん、内部的な問題がなかったとは言わないが、その主要な原因は、抗しがたい力で外部からの攻撃であったことは、今や歴史の事実として認識されなければならない。

　司法は、政治とは無関係の独立・超然として成り立つ制度ではなく、歴史的・政治的産物であるということである。

4　裁判官への攻撃

　司法に対する政治的な攻撃は、最高裁判事の任命だけではなかった。「ブルーパージ」と呼ばれる良心的な裁判官への攻撃と差別が1960年代後半から1970年代にかけて大掛かりに行われる。この攻撃は、外部からの政治的攻撃に対して裁判所自身が司法の独立の旗を降ろし、権力に屈服していく過程であったとも言える。

　その現場のすさまじさは、『法服の王国　小説裁判官』（黒木亮、産経新聞出版、2013年）というノンフィクション小説を読むとイメージがつかめるだろう。この小説は、司法反動の時代に、法曹になった人々（モデルの中には今も健在に活躍している方もいる）が、時代のいたずらにどう人生を揺さぶられ、その中で悩み、それぞれ法律家として生きていったのかを現実さながらに描いている小説である。歴史は、時空を飛び越えてワープすることはできないので、少なくとも現代に生きる私たちは、その歴史の土台の下で次の時代をつくる以外に生きるすべを持っていない。自分は、今どこにいるのかを確かめる意味で、示唆に富む作品であることは間違いない。

　1969年9月14日、札幌地裁で審理されていた行政訴訟である長沼ナ

イキ訴訟で札幌地裁所長であった平賀健太裁判官は、同事件の裁判長であった福島重雄裁判官に、一先輩のアドバイスと称して原告住民側を敗訴させるべきであるという内容の書簡を送り、これが公開されたために裁判官の独立（憲法76条3項）を侵害する重大な司法問題として大きな問題となった（「平賀書簡」事件）。

福島裁判長は、介入に屈せず、1973年9月7日、「自衛隊は憲法9条が禁ずる陸海空軍に該当し違憲である」との初めての自衛隊違憲判決を下し、基地建設のための国有保安林指定解除を違法とした（同判決は、その後札幌高裁、最高裁で住民側の逆転敗訴となり、確定する）。

福島重雄裁判官は、青年法律家協会の会員裁判官であったため、平賀書簡問題後、青法協裁判官への攻撃は激化し、福島裁判官自身も、判決後札幌地裁から東京地方裁判所手形部に異動となり、その後1989年の定年退官まで、地方の家庭裁判所などに転々と配転され、ついに裁判長に就任することはなかった。

これを前後して、青法協加入の裁判官に対しては自民党政権の意を受けた最高裁事務総局により執拗な脱退勧告がなされることになる。

1970年1月14日には、最高裁付判事補10名が青法協を一斉脱退する。同年4月1日には、青法協会員2名を含む4名の司法修習生が裁判官任官を拒否される。

1971年3月31日、裁判所内で人望も能力も申し分ないと評価の高かった宮本康昭熊本地裁判事補は、裁判官の再任を拒否された。また同日、青法協会員6名を含む7名の司法修習生が裁判官任官を拒否されている。

平和憲法と人権をただ忠実に守ろうとした裁判官たちが、その故に冷遇されていく。それは、日本社会と司法の歴史にとって悲劇としか言いようがない。

それでも、攻撃に負けず良心を貫いた裁判官は少なからずいた。また、今でも息苦しい裁判所の中で、まじめに事件に取り組む良心を持った裁判官も存在する。

しかし、それは極めて少数であるし、人事を最高裁に握られた個々

の裁判官は、いわば上を忖度して自粛した判決と行動を強いられている。

　こうした歴史が決して無駄にはならなかった、という司法をつくり上げることが私たち後人の役割ではないかと思う。

5　置き去りにされた日本の司法の根本問題

　本当に、法の支配を社会の隅々まで貫くというのであれば、まずは、誰も触れたがらない、日本の戦後司法の負の部分を抉り出し、その徹底した総括を行うことなしに前に進むことはできないであろう。

　今は、価値観の多様化と人とモノ・情報の国境を超えた交流＝グローバル化が恐ろしい速度で進んでいる。昭和の画一化された日本的価値観を維持できる時代ではない。「巨人・大鵬・卵焼き」「団地に住む企業戦士が滅私奉公で会社のために働き、子育ては専業主婦が支える」という時代はとっくに終わっているのである。

　そうであれば、昭和の歪んだ司法政策の反省と転換なしには、真の意味での司法改革はできないと私は思う。

　司法反動を経て、日本では、国策や行政、刑事司法において、政府の意向に沿わない判決を出す裁判官は、徹底的に人事で冷遇されるというシステムが完成する。

　民衆からの権利獲得闘争の経験がない我が国の資本主義発達史、敗戦後の占領と民主化の挫折という特殊な歴史的、社会的、文化的背景のもとに日本の司法の現在の姿がここにある。

　この根本問題にメスを入れることなく司法の民主化や依頼者の本当の利益を実現することはできない。これは、市民の権利実現を考える場合、常に不問にされてはならない問題である。

　制度改革は、成功することもあるし、失敗することもある。失敗を第三者的に批判することは簡単であるが、私は、この改革が上からの改革であったことの帰結として、本来メスを入れるべき日本の司法の根本問題を置き去りにした上滑りの改革であったと思う。そして、本当の司法改革は、やはり国民サイド、人権サイドからの徹底した改革

なしには実現できないと常々考えている。

6　されど、与えられた条件でたたかう

　以上のように、私たちは、歴史の中の制約された条件の下で、たまたま法曹として弁護士として、社会正義と基本的人権の擁護の使命を帯びて日々活動している。それぞれの相談や事件に取り組む時も、その事件の背景や社会的位置づけを根本まで遡ってしっかり把握することが必要である。

　その上で、当該事件の中でどうやって最大の利益を追求できるのか、個別救済のための職人的努力が求められる。

　その両方があって初めて、プロフェッショナルと呼ばれるに足る仕事ができるのではないだろうか。

7　最後に

　この本では、第1章では、不利な事件や負け筋事件における心構えや弁護のエッセンスを整理する試みをしてみた。また、第2章で、困難な事件で私なりに格闘した事件を紹介し、逆転勝利を呼ぶための教訓やヒントを整理してみた。第3章では、弁護士として忘れてはならない根本問題に触れた。

　年間に何百件もの事件相談を受け、そのうち100件ほどの事件を受任し、日々忙しく業務に取り組む毎日である。第2章で紹介した事件はそのわずか一端である。全体から見れば逆転勝利を呼ぶというテーマにふさわしい事件はほんのひと握りにしかすぎない。その背景には、自分の力不足でどうしても勝ちたかった事件を勝てなかったという苦い失敗経験が無数にあるということである。

　それでも、弁護士である以上、困難な事件に向き合うことは宿命である。

　最後に、インドの独立運動のリーダーであったマハトマ・ガンジーの名言を引用する。私も、自分の勇気を奮い立たせるために、最後にこの言葉を紹介したい。

「あなたがすることのほとんどは無意味であるが、それでもしなくてはならない。そうしたことをするのは、世界を変えるためではなく、世界によって自分が変えられないようにするためである。」

資料編

【資料１】解雇無効確認請求事件（労働者側）準備書面

平成●年（ワ）第●号　地位確認等請求事件
原告
被告

原告第２準備書面

平成●年●月●日

●●地方裁判所　民事第●部　は係　御中

上記原告訴訟代理人
弁　護　士　　原　　　和　良
同　　　　　　片　岡　　勇

本件解雇無効について，以下補充する。

第１　客観的間接事実から「推認」可能な「盗撮」の非行事実
　１　本件事件の客観的な状況，間接事実は，以下の通りである。
　⑴　本件の事件のあった現場は，原告の勤務する放射線撮影室であり，そこ
　　　は，放射線科の女性職員用のロッカーが置かれ，女性職員が出勤時に白衣
　　　に更衣する場所である。
　⑵　原告は，平成●年●月●日午前８時15分頃，携帯電話カメラ撮影機能の
　　　本体メモリー録画時間調査の目的で，撮影室の薬品棚にあった薬品箱に携
　　　帯電話のカメラが撮影できるように丸い穴を開けた上，薬品箱内に携帯電
　　　話を録画機能が作動する状態で設置し，その上にタオルをかぶせておいた。
　⑶　翌●日は，携帯電話カメラ撮影機能の外部メモリー録画時間調査の目的
　　　で先日と同様に，携帯電話を設置した。
　⑷　原告は，上記携帯電話の設置目的について，女性職員の更衣を撮影する
　　　目的はなく，息子の家庭内非行の現場を撮影するための録画時間の調査が
　　　目的であったと一貫して弁明している。

2　一見すると，本件事件の上記のような間接的な状況証拠からは，原告の行為が盗撮を目的とした行為であるとの推定が可能であり，録画時間の調査が目的であったという原告の弁明は，不合理なようにも取れる。

3　しかし，なおかつも，原告の主張には真実性があり信用に足るものであり，これを非行事実であると認定して懲戒解雇とした処分は，処分の前提を欠き無効である。

第2　動機

1　第一に，原告の行為の動機の真実性である。

原告ら夫婦は，本件の事件前，最愛の息子の非行に悩んでいた。

原告の性格は，どちらかというと思いこみが激しく，一つのことを考え出すと周囲の状況が目に入らなくなり，突っ走ってしまうところがある。子煩悩である原告が，わが子を立ち直らせようとして，家庭内非行の現場を押さえようとしたことは（教育の手段として秘密撮影という方法が適切かどうかは置くとして），その動機の点において真実性がある。

2　事件発覚後の原告の弁明は，その発覚当初から一貫している。盗撮行為の弁明に，自分の最愛の息子を利用するなど，経験則に照らしてもありえないことである。真実であるからこそ，原告は被告からその撮影動機を糺されたときに即座に答えることができたのである。

3　仮に，原告が，“もし万が一，盗撮が発覚したら息子を口実に弁解しよう”と考えていたとしたら，こんな不合理な話はない。そもそも，弁解そのものが客観的な状況証拠と合致しないのであるから，事前に口実を準備するのであればこのような一件不合理に受け取られる口実は選択しないであろう。

第3　原告の知覚・意識

1　撮影された時間は，女子職員が更衣する時間と重なっている。また，単に録画時間の調査が目的なのであれば女子職員の更衣する場所を撮影する必要もない。

原告の録画時間調査の目的という弁明と，客観的には女子職員の更衣が撮影されてしまうという状況設定のアンバランスが存在する。

2　原告の心理状況と客観的状況の認識

(1)　原告の頭は，息子の非行事実の撮影ということで一杯である。

(2)　撮影室の位置的状況は，原告の自宅リビングの戸棚と貴重品入れの位置的状況と酷似する。

(3)　録画時間の調査が目的ではあるが，原告の頭の中は，すでに撮影室そのものが自宅リビングを疑似体験しており，原告は自宅リビングに携帯電話を設置する心理状態で携帯電話を設置した。

(4)　朝の就業開始前に設置することになった心理状態

(5)　この時点で，原告には撮影室が，女性職員の更衣に使用されるということとは脳裏から消却されており，カメラに息子の画像が写し出されることしか想像されていない。

　原告は，被告に叱責された段階で自宅リビングの疑似体験から冷め，冷静に客観的状況を把握できるようになってはじめて，本件撮影室が女子更衣室を兼ねているということを認識し，そのことにより女性職員に不快な思いをさせたことに対して自責の念にかられる。

　3　図地分節と「ルビンの盃」

　人間の知覚は，意識しているものだけを知覚するのであり，原告の弁明は人間の知覚に合致しこそすれ，不合理なものではない。

　心理学者であり，供述心理学の研究で著名な浜田寿美男教授は，以下のように述べる。

　「自らの身体をもってその場に臨んで体験する知覚を，意識の最も原型的なものとして考えてみれば，それは「図」と「地」の分節構造を成す。意識が直接向かう対象は前景となり，それ以外の周辺は背景となる。このとき前景を「図」，背景を「地」と呼ぶ。「地」は，意識が直接に向かう対象ではない。それゆえ，「図」の周辺にぼんやりと曖昧な形でしか存在しない。」（『未来心理14号』「人は「記憶を語る」ことができるか」48ページ）

　意識の焦点が当たっているところが「図」となり，それ以外のすべての周辺が「地」となるというのは，意識現象の最も基本的な構図である。

　原告にとっては，自宅リビングの疑似体験が「図」であり，撮影室は，自宅リビングに似ていることだけが原告の意識の対象となっている。そして，その場所が，女子更衣室を兼ねていること，また，撮影時間中に更衣が行われる可能性があること，原告にとって，周辺にぼんやりと曖昧な形でしか存在しない「地」に過ぎないのである。薬品棚は，自宅の戸棚でしかなく，携帯電話のカメラが向けられた方向には，自宅のプラスチック製の整理箱しか，原告には意識されていな

いのである。

第4　稚拙な「盗撮」行為

　原告が携帯電話を設置したのは，複数のスタッフが出入りする撮影室である。かつ，設置した薬品棚は，造影剤をストックした薬品箱であり他のレントゲン技師がいつでも発見できる場所である。また，少なくとも同僚の男性職員は，設置された携帯電話が原告のものであることを知っており，またその秘匿方法も無造作にタオルを携帯電話の上に掛けておくというものである。このように，容易に発覚し，かつ容易に犯人が特定できる盗撮行為を，本当に女性職員の更衣を撮影する目的をもったものが実行するであろうか。そうであれば，誠に間の抜けた稚拙な犯罪行為である。

　原告は，●月●日の朝，自分が設置した携帯電話がなくなっていることに気づいた後，女性職員も含む放射線科のスタッフに「おれの携帯電話を知らないか」と聞いて回っている（甲5）。このような行為は，真にやましい盗撮行為を行っていた者の行動としては理解しがたい行動である。このことからも，原告が，盗撮目的を有していなかったことが推認できるのである。

第5　供述の一貫性

　原告の弁明は，一件不合理に見えるが「ねつ造能力」を超える供述であり，そこに真実性が証明されている。

　すなわち，原告は，●月●日の午後1時に，被告らと最初の面談を持った以降，今日まで，録画時間調査の目的について息子の非行事実の撮影という一貫した説明をしている。他方で，客観的な状況から盗撮の疑いをかけられてもやむを得ない行為をしたことについて，自責の念にかられ，一時は自殺も考えるまで精神的に追い込まれている。このような供述内容には，無実の者でしか語らない一貫性が認められる。

　もし，退職金ほしさだけであれば，原告が，3年にもわたり，無実を訴えていることは理解しがたいことであるし，また，被告の薦めに従って「素直」に罪を認め，温情的に退職金の請求を行うことが合理的である。

　原告の真の目的は，盗撮目的ではなかったという真実を認めてもらうことにあり，単に目先の経済的利害だけで行動しているのではないことはこの間の行動に照らし明らかである。

第6　受任の経緯

　原告からの，受任の申し出に対して，原告代理人はいったんはこれを断った経過がある。それは，原告が真に盗撮目的ではなかったことを第三者にも理解してもらうためには，その原因となった息子へ真実を告白し，家族で団結して問題を乗り越えていく心の決意が必要であると判断したからである。そこで，代理人弁護士は，原告ら夫婦に対し，息子を交えた家族での話し合いを提案した。

　原告ら夫婦は，これを実行し，息子の理解と協力を取り付けた。これを受けて代理人は，報告を受け，息子に面談の上無実を確信し受任，提訴に至ったものである。

　以上の経過から，代理人は，原告ら夫婦の決意は，単に懲戒解雇の弁解のためのものではないことを確信するものである。

第7　原告の人格

　原告は，不器用であるが，愛すべき性格の人間である。仕事への熱意は人一倍であり，子煩悩な父親である。

　原告の人格的態度は，決して盗撮行為を行うような人格ではなく，ましてや破廉恥行為を弁解するために息子の非行を出汁に使うような人物ではない。

第8　被告のはじめに結論ありきの対応が招いた不幸
　1　はじめての懲戒解雇
　　　しかしながら，その処分の過程は拙速に過ぎる。原告の弁明を偏見にとらわれず吟味すれば誤りは避けられたはずである。
　2　被告においては，これまで懲戒解雇の前例もないにもかかわらず，原告本人からの弁明書が提出される前日である●月●日の常務理事会で懲戒解雇を決定し，同月●日の理事会で承認を得ることを決済している。
　3　常務理事会及び理事会では，原告の長年にわたる職務上の貢献，家族の状況，本来退職処分になった場合に支給される退職金の金額，原告の年齢及び再就職の可能性，懲戒解雇による原告の不利益，退職金不支給により原告が被る不利益等について真摯に検討した形跡は全く見られない。
　4　このような被告の対応は，実質上も形式上も懲戒解雇という最も重い処分を行うにふさわしい対応とは到底言えない。

第9　誤解を招いたことと懲戒解雇の均衡
　　1　誤解を招いた軽率な行動であることは否定しない。しかし，他方で非行事
　　　実は存在しないのは事実である。
　　2　仮に軽率な行動に対する処分をするのであれば，戒告で十分であり，懲戒
　　　解雇は明らかに均衡を欠く。
　　3　以上より，本件で原告は単に，予備的請求として退職金請求を求めるにと
　　　どまらず，懲戒解雇処分そのものの誤りを指摘し，その是正を求めるもので
　　　ある。

※平成19年（ワ）第165号ほか／静岡地方裁判所沼津支部民事部

〔前略〕

　以上のように、ダイヤランドでの生活との関わりから原告会社の管理業務をみていくと、電気・ガス・水道・電話というライフラインはすべて原告会社と無関係に供給を受け、その維持管理に原告会社の関与は不要であり、インフラ整備として最低限必要な道路関係も、平成7年1月以降は町道として自由な利用ができることとなっている一方、本件管理契約にいう全体管理は、その多くが本来は居住者個々人が負担すべきものとか、住民が自主的に行う社会奉仕、相互扶助活動の肩代わり、あるいは行政による本来的役務への上乗せサービスとしての性格のものに当たり、個別管理に及んでは、通常ならば不動産の所有者が自らの責任で負担すべき事柄を、一時滞在型の利用契約を前提として所有者の不在期間が長いために原告会社が肩代わりするものであり、常住者にとって不要な内容も多い。このような事業を総合して考慮すると、遅くとも主要な道路が函南町に移管した平成7年1月以降は、居住者側からみれば、基本的に原告会社の管理がなくともダイヤランドでの生活を維持することは可能であって、両者の間に相互に依存する関係があるとは認め難い。

　なるほど、ダイヤランドの開設当初は、市街地から離れた山間部にある建物戸数も常住者も少ない典型的な別荘地であって、道路は原告会社が所有管理するもので、その利用のために原告会社と本件管理契約を結ぶ必要があったといえるが、そのほかにも、行政によるゴミ収集が有料であり、郵便や新聞の戸別配達も実施されていないなど、他の一般の居住区域と比べて各種の生活サービスが行き届いていない状況にあったことがうかがわれ、原告会社による管理は、それらを補って、ダイヤランド内に不動産を保有しその利用を維持していくために必要なものであったといえ、原告会社もその管理業務を遂行するために管理を徴収する必要があるから、その当時には、両者の間には相互に依存する関係があったと考えられる。しかしながら、時の経過によって、ダイヤランド内の道路が原告会社の所有を離れて町道となり、その利用が自由になったのをはじめ、建物戸数が増加して常住者も増えていくにつれて、やがて函南町の行政区としての指定を受け、他の行政区と同等のサービスを受けることができるようになり、さらには、

社会資源の整備の進展や商業地域の郊外化など周辺環境の変化に伴って、相対的に原告会社の管理に依存する度合いが低減していったとみることができ、もはや現時点では、両者の相互依存関係が失われているというべきである。

〔中略〕

　これに対し、原告会社は、本件管理契約から一部の不動産所有者の離脱を許すと、これらの離脱者が原告会社の管理による利益を不当に享受することになって他の不動産所有者との均衡を欠くとして、いわゆるフリーライド論を主張する。しかし、契約からの離脱が原告会社の管理によって得る利益といっても、たとえば、道路の清掃や除雪、夜間の街路灯による証明といったものは、不動産所有者ならずとも広く当該道路を利用する者一般が享受できるものであるし、防犯活動による犯罪の抑止効果というのも、その検証が事実上困難な抽象的利益というべきで、結局のところ、その多くは事実上の反射的利益に止まるものであり、仮に対価性を帯びるものがあったとしても、利益相当額を精算することで他の利用者との衡平を図ることが可能である。

〔中略〕

　また、仮に将来において経営に影響が生ずるという事態となったとしても、もともと不在所有者が多数を占める典型的な別荘地を前提とした管理内容を定めた契約を、30年以上が経過した現在でも墨守している結果、社会環境の変化や利用者のニーズの多様化に対応しきれないがために招来するものであって、原告会社の存立を守るのであれば、本件管理契約の解除を制限して利用者を拘束するのではなく、改めて本件管理契約の内容を抜本的に見なおし、多様化したニーズに応じたサービスの提供を図ることで、利用者離れを食い止めるように企業努力して問題を克服すべきであろう。

【資料３】南箱根ダイヤランド東京高等裁判所判決（住民側勝訴）

※東高判平22.2.16判タ1336号169頁

第３　当裁判所の判断

〔中略〕

　１審被告らが本件管理契約を締結した当初においては、早期に本件管理契約を解除することを想定していなかったものと思われる。

　しかし、別荘地の分譲と一体不可分の関係にある本件管理契約といえども、その管理契約における権利義務は、基本的に契約書面に記載されている内容に従って規律され、記載されていない事項については、民法その他の法令により規律されるものであって、それ以上のものではない。そして、本件管理契約に係る契約書には、契約期間の定めがなく、解除権の発生要件、又はその行使を制限する規定も設けられていないのであるから、本件契約の締結過程における上記の特質から、直ちに本件管理契約が任意の解除を許さないものであることを導くことはできない。

〔中略〕

　１審原告会社が主張するとおり、委任契約（準委任契約を含む。）において、単に委任者の利益のみならず受任者の利益のためにも委任がされた場合には、民法651条１項による解除権は制限され、受任者が著しく不誠実な行動にでるなどのやむを得ない事由がなければ上記の契約を解除できないものと解するのが相当である（最高裁昭和39年（オ）第98号同40年12月17日第二小法廷判決・裁判集民事81号561頁、最高裁昭和42年（オ）第219号同43年９月20日第二小法廷判決・裁判集民事92号329頁、最高裁昭和54年（オ）第353号同56年１月19日第二小法廷判決・民集35巻１号１頁）。

　ところで、上記の最高裁の判例に徴すると、単に委任者の利益のみならず受任者の利益のためにも委任がされた場合とは、受任者が委任事務遂行の対価としての報酬（管理費）を得るということを超えて、当該委任契約が存在することに伴って一定の独立した利益を得ることをいうものと解するのが相当である。

〔中略〕

　全体の環境整備ということは、個別の不動産所有者の利益ではなく、不動産所有者全体の利益という側面が強いことは否定できない。

しかし、本件管理契約の本体は、不動産所有者の所有不動産の管理を主目的とするものであるから、純粋に不動産所有者全体に係る共通の利益（公共サービス）に資するところがあるとしても、原判決が指摘するとおり、反射的利益という評価は免れ得ないといわざるを得ない。そして、本件管理契約それ自体は、あくまでも不動産所有者と管理会社である１審原告会社との間における個別の管理委託契約の形式をとっており、不動産所有者の間における法律関係は、同一地域に不動産を所有するということ以上の格別なものが存するわけではない。同一地域に不動産を所有する者が、所有者としての責務として、自らの不動産を管理し、他に迷惑をかけないようにすることは当然のことであるが、これを法的に強制する根拠を本件管理契約の中には見出すことはできず、あくまで道義的な問題にとどまるものである。本件のような別荘の分譲地地域については、建物の区分所有等に関する法律が区分所有建物における区分所有権者の建物管理に係る詳細な条文を規定しているところとは異なり、そうした法規制があるわけではない。

　他方、本件管理契約の存続を強制することに伴う弊害についても検討しなければならない。１審原告会社の提供する管理業務は、ダイヤランド内における不動産全部について独占的に提供するものであり、契約の拘束を絶対的なものとすれば、いわゆる市場原理の働く余地を大きく制約し、委任者である不動産所有者に不利な内容となる面が少なくないことは否めない。特に、１審原告会社が負担する管理業務の内容は、契約書に定められているが、その内容はなお包括的であり、具体的にどのような役務の提供が契約上の義務となるかは、契約書に記載された文辞から必ずしも一義的に確定できる内容となってはいない。したがって、１審原告会社において、約定の管理費で賄えない別途料金に係る業務を設定することも可能である。例えば、契約書上、土地について倒木、枯木の整理を業務内容としているが、甲Ａ109によれば、隣地の枯木についての苦情に対して、隣地所有者に対して、隣地所有者の同意と費用負担で１審原告会社がその整理をする扱いをしているようであり、分譲地（別荘敷地）内の樹木の適正な管理はあくまでも、不動産所有者の責任とされている。また、本件管理契約には管理費改定条項があり、これを有効であると判断したが、そうであるならば、１審原告会社による管理費の値上げについて承服できない契約当事者としては、その契約からの離脱の自由が保障されなければならない。

　区分所有建物における建物の管理については、管理組合が結成され、人事・会計等についてのルールが定められるなど団体法の規制の下にその運営が行われる

ことによって、その強制力の正当性が裏付けられるが、本件管理契約は、２当事者間の委任契約という枠の中で法的処理を行うものであるから、自からそこには強制力の限界が生ずるといわざるを得ない。

昭和47年の分譲開始からすでに40年近い歳月が経過している。その間にダイヤランドをとりまく環境は大きく変化しており、ダイヤランド内の道路の函南町への移管等による管理業務の変容、常住者の増加、その高齢化等による管理業務に対する要望の変化等に１審原告会社が対応してきたことは本件記録からうかがれるが、本件管理契約の内容は当初から基本的に変わっておらず、抜本的な検討を要する時期にあるとも考えられる。ダイヤランドの別荘地としての環境を良好に保つことの必要性があり、分譲地（建物を建築していない土地所有者（１審被告Ｙ20）について別異に解すべき理由はない。）の所有又は居住によって、所有者・居住者に社会的責任が生ずることは当然のことではあるが、これを実現するために、管理契約という法形式にどこまで、また、いつまで依存することが合理的であって相当であるかを考えるとき、上記の管理契約という法形式そのものには自ずから限界が存するものと解さざるを得ない。

以上の諸事情に照らしてみると、１審原告会社の主張する受任者の利益とは、１審原告会社がダイヤランドの管理を継続することの必要性及びそのための管理費用収入の確保の必要性というものであるが、これらは、なお、任意解除権を制限することを正当化するだけの受任者の利益であると解することは困難である。したがって、１審原告会社の本件管理契約が受任者である１審原告会社の利益のためでもある契約であるから１審被告らの任意解除権が制約され、１審被告らの解除が効力を生じないとする旨の前記主張は、採用することができない。

〔中略〕

本件管理契約が、ダイヤランド内の不動産の管理を目的とするものであるとしても、委任契約（正確には準委任契約）という債権契約であることには変わりはなく、使用貸借契約であっても借主の死亡によって契約が終了することになっている民法599条の規定に照らしても、属地的性格があることをもって、委任者の死亡によって契約が終了しない旨の特約がない委任契約について、当事者の死亡により契約が終了しないとの解釈を導くことはできない。

また、本件管理契約について、当事者の死亡によって契約を終了させない黙示の合意があったことを認めるに足りる的確な証拠もない。委任者の死亡によって本件管理契約が終了した場合に、急迫の事情があるときは、必要な処分をするこ

とができ（民法654条）、この場合に費用が生じた場合は事務管理の規定にしたがって精算されるべきである。委任者の死亡を１審原告会社が知らない場合については、民法655条の規定によって１審原告会社が保護されるべきところ、１審原告会社は、同条に基づく主張をしていない。

　したがって、Ｌ、Ｍ、Ｎ、Ｊの死亡に伴い、同人ら締結に係る各本件管理契約は当然に終了したというべきである。

【資料4】 管理費請求事件の判決の解説

※2010年4月11日に丹那農村環境改善センターで開催された判決報告集会の講演（「伊豆エメラルドタウン109のblog」2010年4月19日より）

はじめに

　今日、こんなにたくさんお集まりになるとは思っておりませんで、たいへんビックリしています。いい判決を東京高裁でもらいまして、我々も喜んでいたのですが、もう一つビックリしているのは、判決に対する会社の対応が、想定外と言いますか「この会社どうしたのだろう？」それも非常に驚きです。

判決のポイント

　管理契約は理由が無くとも「いらない」と言えば解除できる。僕らから見ると当たり前のことですが、静岡地裁沼津支部と東京高裁はこれを認めました。

　もう一つは、管理契約を結んだ委任者が亡くなった場合、「死亡により契約は当然に終了します」。死亡日からは管理費は払わなくていいってことになります。契約した方が亡くなると、奥さんや子供達が不動産を相続します。その相続人に「この契約は引き継がれませんよ」ってことを認めてくれたのが東京高裁になります。一審の沼津支部は、「契約者が死亡しても相続人に引継がれる」言葉では言っていないけど、あうんの呼吸のような意味で「黙示の合意」。「どこにも書いていないけども、心の中にお互い、そう決めていたもの」と言う、わけのわからない言葉が判決理由に書いてあり私達は負けました。それが高裁では「認めましょう」ってことになった。管理会社が控訴をして異議申し立てをしたのですが、向こうが異議申し立てをしたことによって、こっちも異議申し立てをしたら、さらに、前よりももっと勝った。これが判決のポイントです。

判決理由の詳細解説

　今まで管理契約の解除については、沼津支部は認めてくれなかった。住民側は負け続けていました。○○さんから、負けた判決文を読ませてもらって、「何で負けるのだろう？」と考えました。

　それは裁判所もよくわかってなく雰囲気論で判決を書いていまして、背景にあるのは「ダイヤランド→高級別荘地→住民は金を持っている→たかだか年十万円

程度」こんなイメージがあるのです。そうすると、「このくらいの額なら払ってもいいんじゃないか」と思ってしまう。

　もう一つは英語で言うと「フリーライド」と言いまして、「ただ乗り」のことです。真面目に管理費を払う人と解約して払わない人、解約を認めてしまうと不平等が発生する。この前提としては、南箱根ダイヤランド株式会社がそれなりの別荘管理をやっていて役に立っている。この管理会社の管理が無いと、この別荘地は維持できない・住めない・基本的な生活ができない地域だと思い込みがあって、「金持ちの別荘地だから管理費払うのは当たり前でしょう」となる。

　確かに法律論でつめると解除できそうだけども、解除を認めてあげると正直者がバカを見るので、支払いを認めて（解除を認めないで）あげましょう。住民が負けた判決文を読んでみると、法律の議論がまったく書いていない判決でした。

　私はマンションの管理が専門分野の一つです。マンションの場合は、マンションを買いますと必ず管理組合に強制加入させられます。絶対にやめられない、解約できない。何でこういうことが契約社会で許されるかと言うと、区分所有法という国が、国民の代表が作った法律で強制加入が決められているから抜けられない。もう一つは、管理費を支払う義務がある。義務があるというのは、その裏腹に権利がある。組合員として総会に出て、一票あるし意見を言うことができる。

　強制をされて義務を課すということは、もう一方で必ず権利が保障されてないといけないというのが、法律や近代民主主義の当たり前の考え方です。

　何でダイヤランドの管理契約がおかしいかというと、管理契約を強制的に結ばされます。ところが、「この管理契約おかしいじゃないか」と言う権利が無いのです。一方的に義務だけの関係が、管理会社とみなさん一人ひとりとの間で契約が成り立っているのは、どう考えてもおかしい。一方的に権利無く強制加入で義務だけ負って、管理費の金額も一方的に決められてしまう。値上げしたければ値上げできる。それから、徴集した管理費が、全てみなさんの管理に使われているかというと、その保証は何もない。もっと言うと、管理費を全て管理に使う義務も管理会社にはない。言い値で管理費を決めて、管理費を払ってもらって、それをなるべく安く、安い費用しか管理には使わなくて、あとは会社で好きに使う。これでも法律上は何も問題ないのです。納めた管理費は会社の資産になってしまう。お金のチェックが何もできない、意見が言えない、住民側からの改善ができない。区民の会だとか個人直接でもいいですけど、意見は言える。でも、それはあくまでも「お願い」なのです。この意見を聞かなければ、「やめてもらうよ」

という権利が保障されていない。

　今回の高裁判決は、「意見を言って管理会社が意見を聞かなければ、やめる（解約する）自由を保障しなければ契約としておかしいじゃないか」ということを認めた、筋の通った判決でした。

　管理を委託しているけれども何を管理するか、どこまでサービスするかは管理会社が自由に決めていいという、権利が無くて義務だけの契約ならば、「そんなのいらない」って人がいれば「解約できますよ」ってことを今回の東京高裁の判決は述べています。

　個々のみなさんの土地だとか建物の管理だけではなく、環境整備費と言うように、ダイヤランド全体の環境、道路・排水路・公園・売店など「公共サービスをやっているから、管理費を支払ってもらわないといけないんだ、解約できないんだ」と管理会社は一貫して言っております。ご存じの方が多いと思いますけど、道路は昔、管理会社が所有していました。ところが平成7年の1月に、ダイヤランドの道路は全部町道になっていて町の管理です。

　一つ目は、みなさんは固定資産税・都市計画税・住民税を県・町に税金として払っています。本来、公共サービスの大部分は税金でまかなわないといけない。ところがみなさんは二重に税金を払っているようなもので、税金を払っているのに町はダイヤランドの環境整備にお金を使わずに、税金以外に環境整備費というものを二重払いして公共サービスを受けている。

　二つ目は、税金でまかなえない部分の上乗せサービスがあります。この部分は生活に不可欠で、これが無ければダイヤランドで日常生活が成り立たないものではありません。

　三つ目、売店・シャトルバス・レストランなどは、対価を払うわけです。つまり、売店で商品を買ったら商品の代金を払うし、レストランで食事をすれば食事の代金を払うし、バスに乗ればバスの利用料金を払う。基本的にこれらは営業行為でありまして、管理費を払うかどうかとは関係が無い、もっと言うと管理費を払わない人にも利用してもらった方が営業としては良いはずなのです。ダイヤランドに遊びに来た人や訪ねてきたお客さんらが、利用してくれれば、会社の営業行為としてプラスになるはず。「店を営業しなければならないから管理費を払う義務がある」と言われても、営業行為と管理費は結びつくものではありません。

　どれをとってもダイヤランドの管理契約を解除すると、ダイヤランドの地域が成り立たなくという関係ではないんだということで、契約の解除が認められたの

が今回の判決であります。

前出の「フリーライド」の部分は、判決の中では「反射的利益」と言っています。

例えば町の中に交番があり、その隣に私の家がある。交番から遠く離れた所にＡさんの家がある。Ａさんの家は治安が悪いのでセコムに加入した。ところが私の家は隣が交番なので泥棒が入らない。じゃ、警察署から「お前はフリーライド（ただ乗り）だから警備費用を払え」と言われますか？　そんなことは言われない。これは、たまたま交番の隣に家があって、ただ乗りで利益を受けているかもしれませんが、法律上は損害賠償や不当利得の対象にはなりません。これを反射的利益と言います。

管理会社が契約者を増やすための営業活動として、自分達の管理をアピールするために、地域全体の人が受けるサービスを行っている。たまたま、そこに住んでいることによって反射的利益を受けたとしても、管理契約を「いやだ」と言う人を拘束する理由にはなりませんよ、と今までもやもやとしていた、これまでの考え方を整理し、明確に「解約してもいいですよ」と認めたのが、沼津支部の判決でもあり、それを支持した東京高裁の判決でもあります。

判決はこういうことも言っています。解約を認めないとどうなるのか。解約を認めないと、一私企業（管理会社）に何の根拠もなく独占的権利を与えることになります。独占的権利を与えるということは、競争がないと言うことです。本来、住民は誰にも管理をまかせずに、自分で管理してもいいし、あるいは必要な管理を他の管理会社に委託してもいいわけです。解除を認めないと言うことは、たまたま分譲時に契約をした管理会社に半永久的に独占的な権利を与えることになる。これは東京高裁の判決では「住民のためによくない」と言っています。

競争が無くとも・努力をしなくとも、お金が入って来るとなると、人でもそうですが退化します。努力をしないとサービスは下がって行くのです。人も会社も同じで、努力するモチベーションがあって、初めて良いサービスができるわけです。解除する権利を認めてあげないと永遠に努力しない会社になってしまう。契約解除の制限を認めると、資本主義の原則に反することになってしまう。ですから、この判決は会社を潰すための判決ではなくて、このまま何の努力もせずに、管理費がドル箱のように入って来るというようなやり方を続けていると、いつかこの会社、おかしな会社になってしまいますよと、そうならないために解除したい人に解除権を認める。これではじめて緊張感が生まれる。どんな仕事も緊張感

を持って、お客様に満足のいくサービスをやって、はじめてその報酬を受ける。こういう緊張感がないと、サービスの質はどんどん落ちて行く、落ちて行くということは環境が悪化します。解除を認めないと、たとえばダイヤランドが倒産したり、十分な管理が出来ない状態になったとします。こんな場合に解除を認めてあげないと、他の会社に委託をする自由が無いわけですから。そういう意味では、色んな面から検討して、契約の解除を認めることが、会社のためにもなるし、住民のみなさんのためにもなる。というのが判決理由になります。

判決を受けて

　この判決を受けまして、やめたい人は解約できるようになったわけです。これは「ダイヤランドはどうなってもいい」と言うことではなく、管理契約を解約する自由を認めたことによって、はじめて個々の不動産所有者・居住者が管理会社と対等の立場になり、ダイヤランドの将来・地域環境を考えるスタートラインに立てたということだと私は思っています。

　どんな管理を必要としていて、その管理を通じてどんなダイヤランドをつくりたいのか、何が必要なサービスかは、そこに住んでいる人達の年齢構成、経済水準、社会的・文化的状況によって変化するわけです。本来は住民が一緒に考えなければならない。ここには行政との連携も必要になる。こういうものをサポートするのに役に立つ管理会社、管理のありかたというのを、管理会社と住民が対等の立場になったことで、議論ができる下地ができたと思っております。

　有用な管理会社になれるかどうかが、南箱根ダイヤランド株式会社に問われている。この管理会社が、努力しないとダメなのだなと変わってくれて、良い管理をすれば、おそらく多くの方が会社を評価して管理費を支払い、南箱根ダイヤランド株式会社の経営は成り立って行くでしょう。でも、この判決を受けても「あまり反省がない、管理が変わらない」であれば、長い目で見ると、「この管理会社じゃダメなんじゃないか」という人が増えていって、管理契約を解除する人がたくさん出てくるのではないだろうか。住民のみなさんが、どう判断するかの選択だと思います。いったん解約した人が、「良い管理をやっているな」と思えば、再び契約を結んでもいいわけです。

　こういう緊張関係がなければ、ダイヤランドの管理はいつまでたっても良くならない。良くするかどうかは、管理会社が決めることではなくて、みなさんが決めることです。このことを、ぜひ忘れないで頂きたいと思います。

管理会社が配布したチラシについて

　管理会社が配布したチラシで気になったことが書いてあります。

　我々はこの事件を受けた時から、地裁→高裁→最高裁。「最高裁で最終的に判断されるだろう」、三回判決が出る気持ちで受けていました。ところが高裁の判決が出て、管理会社は最高裁への上告を断念した。「この判決には承服できません」と書いてある反面、ストレートには書いてありませんが、上告しても勝てないので上告しないような説明がなされている。最高裁にあげると、これはすごく意味があることで、最高裁の判断・判例は、他の地方裁判所や高等裁判所は、最高裁の判例が出るとよっぽどのことがない限り、最高裁の判例が引用されて何やっても負けるようになる。上告しても勝てない、上告して最高裁で負けると、最高裁の判例になってしまう。今回の裁判に関わった人以外の住民にも、負けを宣言するようなことになる。最高裁の判例は、全ての弁護士・全ての裁判官・全ての法学者が読みますので、日本全国に負けを宣言するようなことになる、それを避けたかったのだと思います。

　高裁で裁判を確定させることによって、管理会社が配布したチラシによると、「東京高裁は平成16年に、本件と同様の二件の訴訟について、管理契約の解除を認めず、当社勝訴の判断を下しております。従って、管理契約の解除が可能であることが、判例上確定したというものではありません」と書いてあります。つまり、「平成16年に二件勝っている、負けたのは一件だけだ」「二対一で、会社は負けていないのだ」ということを会社は言いたいのだと思います。しかし、勝てないから上告しなかったわけで、今回勝った一件は前回負けた二件とは、ぜんぜん意味が違うわけです。

　チラシには「今後、管理契約を解除する者が増大すれば、～その時点で再度管理費請求の訴えを提起していきます」と書いてあります。ある意味、住民に脅しをしているわけです。今後、新たに裁判を起こされた時に、管理費請求が認められるかというと、私は絶対に認められることはないだろうと思います。裁判所は、前回の住民が負けた判決を否定して、今回の住民が勝訴した判決を出したわけで、なおかつ今回の裁判が最高裁に上告されなかったのは、上告しても（管理会社が）負けるからで、今後は、おそらく今回の判決が支持されるでしょう。今回裁判に参加されなかった方に、訴訟で管理費の請求がされたとして、「管理契約の解除はできない、管理費を支払え」という判決は、まず出ないだろうと思っています。みなさん、惑わされないように自信を持って下さい。

まとめ

　ダイヤランドにいる限り未来永劫、環境整備費を払い続けなければならない。最初に契約した以上、死んでも払わなければならない。管理契約を気に入ろうと気に入るまいと。サービスの内容が変わろうと変わるまいと。管理費の値段が値上げされようとされまいと。夫婦だってうまくいかない時は離婚することもあるわけです。管理契約は死んでも離婚できないようなもの。こういう関係というものは、今の法律ではおかしい。

　別荘の管理は、高度経済成長時代・バブル時代、購入者に経済力があって、しかも現役で働いている世代。多少の対価性がない支払いが気にならなかった。マンションや団地もそうなのですけど、みんな購入したときには、自分が年を取って経済的に苦しくなっていくっていうのは想定していない。人間も街も、だんだん高齢化・老朽化をして行きます。別荘地で一つの管理会社が、法律上の根拠も無いのに契約を強制させている。これはダイヤランドだけではなく、全国の別荘地での共通の問題なのです。今回、ダイヤランドで東京高裁で、住民が勝訴したということは、他の別荘地に影響が、これから出てくるでしょう。

　マンションについては一般的で必要性が高かったので、マンション管理に関する適正化法だとか、マンションに建替えに関する法律だとか、色んな法律がここ十年くらいで整備されてきました。ところが、別荘地はどうしても一部のお金持ちの人達の問題なので、後回しになっている。本当は、「別荘地の管理はしなくていい」ではなくて、適正な管理の方法を国の方で法律を整備しないといけない。それを国が怠っているのが根本的な原因。マンションみたいに別荘地も、まずどういう要件があれば別荘地として管理の法律適用の対象になるか定義が必要になるわけですけども、別荘地管理という別荘の定義をしたうえで、例えば、ここに住んでいる・不動産を所有する人達に対する管理団体（自治会など）を法律上、強制設立をする。強制加入にして、管理のルールを総会などで決める。こんな仕組みを法律でつくりあげる、これは国のレベルなのですが、県や町など地方自治体で条例として別荘地管理について管理条例をつくり、そこでルールをつくる方法もあるでしょう。

　別荘地の管理団体（自治会など）が、どこかの管理会社に全体の環境整備・公共サービスについて管理の委託をする。この管理会社も、今までやってきたからという理由だけで優先権があるのではなくて、例えば入札方式でプレゼンテーションをやって、候補管理会社たちにサービスを競わせる。必要なサービスは個人で

違うのでオプションを作って、個人が自由にサービスを選べるようなメニューで示してもらう。こういう形で管理会社に競争をさせると、より良い管理ができる。マンション管理の適正化法で、マンションの管理会社の契約は1年更新になっています。延々と管理をすることはできない。あくまでも1年ごとに、総会の時に更新契約を結ぶ、法律でそうなっています。本来なら、別荘地でも競争やチェックするポイントが必要なのですが、別荘地関連の法整備が遅れているのが根本的な別荘地管理の問題です。

　マンション管理適正化法は、管理会社の指導監督を決めています。マンション管理の資格を持った人が必ず管理会社にいて、管理にたずさわっている。マンションの管理会社が倒産した場合に、納めた管理費が住民に返還されるように保証金を積む。管理会社としての届け出をする必要がある。違法行為があった場合には、業務停止・罰金などの罰則がある。お金を取るに見合うレベルの管理をできる会社だけが、マンションの管理会社として営業できる仕組みになっている。このように、管理会社の統制をマンションの場合はやっている。ところが、別荘地の方はまだそんな法律がない。将来的な展望では、マンションのような仕組みを作らないと、全国で同じような問題を抱えている別荘地の問題は根本的には解決をしないのですが、ただ法整備を待っているだけではなく、今あるダイヤランドの管理を、どうやれば良くしていくことができるかというのを、ぜひみなさんで、管理契約の解除が認められたということは、「管理について考えていいですよ」という判決をもらったことです。今後みなさん、そこのところを考えていただければと思います。

※東高判平28．1．19判時2308号67頁、判タ1430号131頁

第３　当裁判所の判断

　２　判断

⑴　本件管理契約の法的性質について

　　前記前提事実⑶によれば、本件管理契約は、被控訴人が控訴人らから、原判決別紙契約内容一覧表の「個別不動産の管理内容等」欄記載の事務を内容とする個別管理とともに、同一覧表の「全体の管理内容等」欄及び契約類型ＢないしＤにおいては同一覧表の「一般業務事項等」欄記載のダイヤランド内の道路、排水路、ごみ置き場、公園等の維持・管理等の事務を内容とする全体管理についての事務委託を受けるというものであり、この点においては準委任契約に当たる法的性質のものであるが、全体管理の内容をみると、上記施設等の維持・管理にとどまらず、被控訴人が所有する排水路、ごみ置場、公園等を控訴人らに利用させるという業務を行うことも内容としており、この点は準委任契約に含まれない法的性質のものである。そして、本件管理契約は、この法的性質に係る業務と上記の準委任契約に当たる法的性質に係る事務とを一体のものとする内容となっているものであるから、本件管理契約を単純な準委任契約と解するのは相当ではないというべきである。

⑵　本件解除の効力について

ア㋐　控訴人らは、本件管理契約は準委任契約であって、解除権を制限する約定は存在せず、受任者である被控訴人の利益のために締結された契約ではないから、仮にそのような契約であるとしても、控訴人らが解除権を放棄したものとは解されない事情があるから、民法の一般原則（民法656条、651条）に従い、自由に解除することができると主張する。

　㋑　しかしながら、本件管理契約が準委任契約とは異なる法的性質をも有する契約であり、単純な準委任契約であると解することができないことは、前記⑴で説示したとおりである。そうすると、本件管理契約について民法六五六条、651条１項が無条件に適用されるものと解することはできない。

　　　もっとも、本件管理契約が準委任契約に当たる法的性質を有しているものであるので、この点に焦点を合わせて、以下、控訴人らの上記主張について

検討していくこととする。

(ウ)a　本件管理契約を含むダイヤランド管理契約は、ダイヤランドの自然や環境を守り、居住者の秩序を維持し、居住者の便宜を図ること等を目的として、被控訴人が、個別管理とともに全体管理を行う義務を負い、控訴人らがその費用として環境整備費（管理費）の支払義務を負うことを内容とするものであり、ダイヤランド内の土地の分譲を受ける者は、被控訴人とダイヤランド管理契約を締結することが義務付けられており、被控訴人は、各物件所有者が支払う環境整備費（管理費）を原資として、ダイヤランド管理契約に基づいて負う各物件所有者の所有物件に係る個別管理の事務のほかに、各物件所有者に共通するダイヤランド内の道路、排水路、ごみ置き場、公園等の維持管理等の全体管理の事務ないし業務を履行することになるのである（前記前提事実(3)及び前記(1)）。

以上のようなダイヤランド管理契約の目的やその実現のために被控訴人が各物件所有者から徴収する環境整備費（管理費）を原資として各物件所有者の所有物件に係る個別管理事務のほかに各物件所有者に共通する全体管理事務ないし業務を不可分的に履行するという仕組みが採用されていることに鑑みると、ダイヤランド管理契約は、被控訴人と各物件所有者との間で個別に締結されるものではあるものの、単に被控訴人に対して管理を依頼する各物件所有者の個人的利益のみではなく、それと併せて、ダイヤランドの自然や環境の保守、居住者の秩序維持、居住者の便宜という各物件所有者に共通する不可分的な利益をも図るものであると解するのが相当である。

また、被控訴人が各物件所有者から支払を受ける環境整備費（管理費）は、被控訴人がこれを自由に利用できる一般的な収入というわけではなく、各物件所有者に共通する内容の全体管理に係る事務ないし業務を履行するための原資として予定されているものであるから、被控訴人は、環境整備費（管理費）を得ることによって、各物件所有者に対する全体管理を安定的に行うことができるという利益があることも認められる。これを逆からいうと、物件所有者からのダイヤランド管理契約の解除が認められ、その者から環境整備費（管理費）が支払われなくなれば、物件所有者の全員から環境整備費（管理費）を得た場合と比較して、全体管理の質が低下していくことになり、その程度によっては、被控訴人が全体管理を行い得なくなり、全体管理中の施設等の維持・管理に係る事務の不履行のみならず、全体管理の対象となっている各施設等を物件所有者の利用に供する業務

ができなくなる危険が生ずることになる。以上のことに鑑みると、上記の利益
は、ダイヤランド管理契約上、物件所有者が管理事務の履行を享受することに対
する単なる対価を受領するという意味のものに止まらず、被控訴人自身が受ける
特有の利益があるというべきである。

　以上によれば、本件管理契約は、被控訴人の利益のためにも締結されたものと
認められる。

【資料6】猿払事件の概要と判決文

①猿払事件概要

　被告人は、北海道にある猿払村の郵便局に事務官として勤務し、猿払地区労総組合評議会事務局長を務めていた。昭和42年の衆議院議員選挙に際し、動労組合の決定に従い、ある政党（日本社会党）を支持する目的をもって、同党公認候補者の選挙用ポスター6枚を自ら公営掲示場に掲示したほか、同ポスター合計約184枚の掲示方を他に依頼して配布した。

　上記行為は、国家公務員法102条1項の禁止する「政治的行為」に該当し、同項が委任する人事院規則14−7（政治的行為）5項3号（特定の政党その他の政治団体を支持し又はこれに反対すること）、6項13号（政治的目的を有する〔中略〕文書、図画〔中略〕を掲示し若しくは配布〔中略〕すること）に該当する。

　一審の旭川地方裁判所及び控訴審札幌高等裁判所は、適用上違憲あるいは合憲限定解釈の手法を用いて被告人を無罪とした。

②一審判決
※旭川地判昭43.3.25刑集28巻9号676頁

〔前略〕

　憲法21条1項の保障する表現の自由に由来する政治活動を行なう国民の権利は、立法その他国政の上で最大の尊重を必要とする国民の基本的人権の中で最も重要な権利の一であると解されるが、右の自由も絶対無制限のものではないばかりでなく、全体の奉仕者であつて一部の奉仕者でない国家公務員の身分を取得することにより、ある程度の制約を受けざるを得ないことは論をまたないところであるが、政治活動を行なう国民の権利の民主主義社会における重要性を考えれば国家公務員の政治活動の制約の程度は、必要最小限のものでなければならない。

　公務員中国の政策決定に密着した職務を担当する者、直接公権力の行使にあたる者、行政上の裁量権を保有する者および自分自身には裁量権はないが、以上のような職務の公務員を補佐し、いわゆる行政過程に関与する非現業の職員については、これら公務員が一党一派に偏した活動を行なうことにより、これがその職務執行に影響し、公務の公正な運営が害され、ひいては行政事務の継続性、安定性およびその能率が害されるに至る虞が強いことはいうをまたないところであ

る。これに反し行政過程に全く関与せず且つその業務内容が細目迄具体的に定められているため機械的労務を提供するにすぎない非管理職にある現業公務員が政治活動をする場合、それが職務の公正な運営、行政事務の継続性、安定性およびその能率を害する程度は右の場合に比し、より少ないと思料される。

〔中略〕

行政過程に全く関与せず、かつその業務内容が細目迄具体的に定められているため機械的労務を提供するにすぎない現業公務員が、勤務時間外に国の施設を利用することなく、かつ職務を利用し若しくはその公正を害する意図なしに行つた場合、その弊害は著しく小さいと云わざるを得ない。

国公法82条は、同法に違反した場合懲戒処分を課し得ることを定めており、同法102条1項違反の行為については免職停職減給又は戒告の処分をなし得るものである。国公法102条1項の所為についての制裁として、右の懲戒処分の制裁に加え、同法110条は、その1項19号において、同法102条1項所定の政治行為の制限に違反した者に対し3年以下の懲役又は10万円以下の罰金を法定している。先に述べたように米合衆国において勿論その余の近代民主主義国家において公務員の政治活動禁止違反の行為に対し刑事罰を科している国はない。法がある行為を禁じその禁止によつて国民の憲法上の権利にある程度の制約が加えられる場合、その禁止行為に違反した場合に加えられるべき制裁は、法目的を達成するに必要最小限度のものでなければならないと解される。法の定めている制裁方法よりも、より狭い範囲の制裁方法があり、これによつてひとしく法目的を達成することができる場合には、法の定めている広い制裁方法は法目的達成の必要最小限度を超えたものとして、違憲となる場合がある。

③最高裁判決

※最判昭49.11.6刑集28巻9号393頁

〔前略〕

公務員の政治的中立性を損うおそれのある公務員の政治的行為を禁止することは、それが合理的で必要やむをえない限度にとどまるものである限り、憲法の許容するところであるといわなければならない。

国公法102条1項及び規則による公務員に対する政治的行為の禁止が右の合理的で必要やむをえない限度にとどまるものか否かを判断するにあたつては、禁止

の目的、この目的と禁止される政治的行為との関連性、政治的行為を禁止することにより得られる利益と禁止することにより失われる利益との均衡の3点から検討することが必要である。そこで、まず、禁止の目的及びこの目的と禁止される行為との関連性について考えると、もし公務員の政治的行為のすべてが自由に放任されるときは、おのずから公務員の政治的中立性が損われ、ためにその職務の遂行ひいてはその属する行政機関の公務の運営に対する党派的偏向を招くおそれがあり、行政の中立的運営に対する国民の信頼が損われることを免れない。また、公務員の右のような党派的偏向は、逆に政治的党派の行政への不当な介入を容易にし、行政の中立的運営が歪められる可能性が一層増大するばかりでなく、そのような傾向が拡大すれば、本来政治的中立を保ちつつ一体となつて国民全体に奉仕すべき責務を担う行政組織の内部に深刻な政治的対立を醸成し、そのため行政の能率的で安定した運営は阻害され、ひいては議会制民主主義の政治過程を経て決定された国の政策の忠実な遂行にも重大な支障をきたすおそれがあり、このようなおそれは行政組織の規模の大きさに比例して拡大すべき、かくては、もはや組織の内部規律のみによつてはその弊害を防止することができない事態に立ち至るものである。したがって、このような弊害の発生を防止し、行政の中立的運営とこれに対する国民の信頼を確保するため、公務員の政治的中立性を損うおそれのある政治的行為を禁止することは、まさしく憲法の要請に応え、公務員を含む国民全体の共同利益を擁護するための措置にほかならないのであつて、その目的は正当なものというべきである。また、右のような弊害の発生を防止するため、公務員の政治的中立性を損うおそれがあると認められる政治的行為を禁止することは、禁止目的との間に合理的な関連性があるものと認められるのであつて、たとえその禁止が、公務員の職種・職務権限、勤務時間の内外、国の施設の利用の有無等を区別することなく、あるいは行政の中立的運営を直接、具体的に損う行為のみに限定されていないとしても、右の合理的な関連性が失われるものではない。

　次に利益の均衡の点について考えると、〔中略〕公務員の政治的中立性を損うおそれのある行動類型に属する政治的行為を、これに内包される意見表明そのものの制約を狙いとしてではなく、その行動のもたらす弊害の防止をねらいとして禁止するときは、同時にそれにより意見表明の自由が制約されることにはなるが、それは、単に行動の禁止に伴う限度での間接的・付随的な制約に過ぎず、かつ、国公法102条1項及び規則の定める行動類型以外の行為により意見を表明す

る自由までをも制約するものではなく、他面、禁止により得られる利益は、公務
員の政治的中立性を維持し、行政の中立的運営とこれに対する国民の信頼を確保
するという国民全体の共同利益なのであるから、得られる利益は、失われる利益
に比してさらに重要なものというべきであり、その禁止は利益の均衡を失するも
のではない。

【資料7】社会保険庁国公法違反被告事件（堀越事件）の判決文

①東京地裁・一審判決
※東地判平28.6.29刑集66巻12号1627頁

〔前略〕

　しかしながら、当裁判所は、猿払事件判決の判示内容に概ね賛同するものであり、同判決後、国公法、規則の政治的行為の禁止の合憲性等が争われた他の事件に対する最高裁判決においても、猿払事件判決が引用されてその合憲性等が確認されていること（最高裁昭和52年7月15日第三小法廷判決・裁判集刑事205号97頁、前掲最高裁昭和55年12月23日第三小法廷判決、前掲最高裁昭和56年10月22日第一小法廷判決参照）などに照らすと、猿払事件判決は指導的判例として今も機能しているということができ、かつ弁護人の主張を十分考慮に入れた上でも、なお猿払事件判決は変更の要をみないとの結論に達した。

②東京高裁・原審判決
※東高判平22.3.29刑集66巻12号1687頁

〔前略〕

　本件罰則規定は、その文言や本法の立法目的及び趣旨に照らし、国の行政の中立的運営及びそれに対する国民の信頼の確保を保護法益とする抽象的危険犯と解されるところ、これが憲法上の重要な権利である表現の自由を制約するものであることを考えると、これを単に形式犯として捉えることは相当ではなく、具体的危険まで求めるものではないが、ある程度の危険が想定されることが必要であると解釈すべきであるし、そのような解釈は刑事法の基本原理にも適合すると考えられる。また、裁判官の政治運動に関する最高裁判所平成10年12月1日大法廷決定の判旨に照らしても、懲戒処分と刑事処分の違い等はあるものの、一般職国家公務員の政治的行為の禁止に関する罰則規定の解釈に当たり、より慎重な検討が必要であることが要請されるべきというべきである。しかるところ、本件配布行為は、最良の余地のない職務を担当する、地方出先機関の管理職でもない被告人が、休日に、勤務先やその職務と関わりなく、勤務先の所在地や管轄区域から離れた自己の住居地の周辺で、公務員であることを明らかにせず、無言で、他人の

居宅や事務所等の郵便受けに政党の機関紙や政治的文書を配布したにとどまるものである。そのような本件配布行為について、本件罰則規定における上記のような法益を侵害すべき危険性は、抽象的なものを含めて、全く是認できない。したがって、上記のような本件配布行為に対し、本件罰則規定を適用することは、国家公務員の政治活動の自由に対する必要やむを得ない限度を超えた制約を加え、これを処罰の対象とするものと言わざるを得ず、憲法21条1項及び31条に違反するものとの判断を免れ得ないから、被告人は無罪である。

〔中略〕

6　論旨の③の主張（適用違憲の主張）について

所論は、さらに進んで、仮に本件罰則規定そのものについては合憲性が認められるとしても、それを本件配布行為について適用することは違憲である旨主張するところ、当裁判所も、以下に指摘する事情を踏まえると、上記2⑷認定のような被告人の本件各所為について、本件罰則規定を具体的に適用して、被告人に刑事責任を問うことは、憲法21条1項及び31条に違反するものといわなければならないと考える。

〔中略〕

8　なお、付言すると、〔中略〕法令違憲という結論を出すべきであるとの批判がなされると考えられる。その批判にはもっともな面もあるけれども、〔中略〕先にも触れたように、その結論は事例の集積をまって判断すべきものと考える。とはいえ、我が国における国家公務員に対する政治的行為の禁止は、諸外国、とりわけ西欧先進国に比べ、非常に広範なものとなっていることは否定し難いところ、当裁判所は、一部とはいえ、過度に広範に過ぎる部分があり、憲法上問題があることを明らかにした。また、地方公務員法との整合性にも問題があるほか、かえって、禁止されていない政治的行為の方に規制目的を阻害する可能性が高いと考えられるものがあるなど、本規則による政治的行為の禁止は、法体系全体から見た場合、様々な矛盾がある。加えて、猿払事件当時は、広く問題とされた郵政関係公務員の政治的活動等についても、さきの郵政民営化の過程では、国会で議論はなく、その関心の外にあったといわざるを得ない。しかも、その後の時代の進展、経済的、社会的状況の変革の中で、猿払事件判決当時とは異なり、国民の法意識も変容し、表現の自由、言論の自由の重要性に対する認識はより一層深まってきており、公務員の政治的行為についても、組織的に行われたものや、他の違法行為を伴うものを除けば、表現の自由の発現として、相当程度許

容的になってきているように思われる。また、ILO151号条約は未批准とはいえ、様々な分野でグローバル化が進む中で、世界標準という視点からも改めてこの問題は考えられるべきであろう。公務員制度の改革が議論され、他方、公務員に対する争議権の付与の問題についても政治上の課題とされている折から、その問題と少なからず関係のある公務員の政治的行為についても、上記のような様々な視点の下に、刑事罰の対象とすることの当否、その範囲等を含め、再検討され、整理されるべき時代が到来しているように思われる。

③最高裁判決
※最判平24.12.7刑集66巻12号1337頁

主文　本件上告を棄却する。

〔前略〕
　上記のような本法の委任の趣旨及び本規則の性格に照らすと、本件罰則規定に係る本規則6項7号、13号（5項3号）については、それぞれが定める行為類型に文言上該当する行為であって、公務員の職務の遂行の政治的中立性を損なうおそれが実質的に認められるものを当該各号の禁止の対象となる政治的行為と規定したものと解するのが相当である。〔中略〕そして、上記のような規制の目的やその対象となる政治的行為の内容等に鑑みると、公務員の職務の遂行の政治的中立性を損なうおそれが実質的に認められるかどうかは、当該公務員の地位、その職務の内容や権限等、当該公務員がした行為の性質、態様、目的、内容等の諸般の事情を総合して判断するのが相当である。具体的には、当該公務員につき、指揮命令や指導監督等を通じて他の職員の職務の遂行に一定の影響を及ぼし得る地位（管理職的地位）の有無、職務の内容や権限における裁量の有無、当該行為につき、勤務時間の内外、国ないし職場の施設の利用の有無、公務員の地位の利用の有無、公務員により組織される団体の活動としての性格の有無、公務員による行為と直接認識され得る態様の有無、行政の中立的運営と直接相反する目的や内容の有無等が考慮の対象となるものと解される。
〔中略〕
　本件配布行為が本件罰則規定の構成要件に該当するかを検討するに、本件配布行為が本規則6項7号、13号（5項3号）が定める行為類型に文言上該当する行

為であることは明らかであるが、公務員の職務の遂行の政治的中立性を損なうおそれが実質的に認められるものかどうかについて、前記諸般の事情を総合して判断する。

前記のとおり、被告人は、社会保険事務所に年金審査官として勤務する事務官であり、管理職的地位にはなく、その職務の内容や権限も、来庁した利用者からの年金の受給の可否や年金の請求、年金の見込額等に関する相談を受け、これに対し、コンピューターに保管されている当該利用者の年金に関する記録を調査した上、その情報に基づいて回答し、必要な手続をとるよう促すという、裁量の余地のないものであった。そして、本件配布行為は、勤務時間外である休日に、国ないし職場の施設を利用せずに、公務員としての地位を利用することなく行われたものである上、公務員により組織される団体の活動としての性格もなく、公務員であることを明らかにすることなく、無言で郵便受けに文書を配布したにとどまるものであって、公務員による行為と認識し得る態様でもなかったものである。これらの事情によれば、本件配布行為は、管理職的地位になく、その職務の内容や権限に裁量の余地のない公務員によって、職務と全く無関係に、公務員により組織される団体の活動としての性格もなく行われたものであり、公務員による行為と認識し得る態様で行われたものでもないから、公務員の職務の遂行の政治的中立性を損なうおそれが実質的に認められるものとはいえない。そうすると、本件配布行為は本件罰則規定の構成要件に該当しないというべきである。

エ　以上のとおりであり、被告人を無罪とした原判決は結論において相当である。なお、原判決は、本件罰則規定を被告人に適用することが憲法21条1項、31条に違反するとしているが、そもそも本件配布行為は本件罰則規定の解釈上その構成要件に該当しないためその適用がないと解すべきであって、上記憲法の各規定によってその適用が制限されるものではないと解されるから、原判決中その旨を説示する部分は相当ではないが、それが判決に影響を及ぼすものでないことは明らかである。論旨は採用することができない。

（須藤意見）合憲限定解釈

裁判官須藤正彦の意見は、次のとおりである。

本件につき、私は、多数意見と結論を同じくするが、一般職の国家公務員の政治的行為の規制に関しその説くところとは異なる見解を有するので、以下この点につき述べておきたい。

〔中略〕

　本件罰則規定は、上記の厳格かつ限定的である解釈の限りで、憲法21条、31条に反しないというべきである。

〔中略〕

　⑷　もっとも、上記のような限定的解釈は、率直なところ、文理を相当に絞り込んだという面があることは否定できない。また、本法102条1項及び本規則に対しては、規制の対象たる公務員の政治的行為が文理上広汎かつ不明確であるがゆえに、当該公務員が文書の配布等の政治的行為を行う時点において刑罰による制裁を受けるのか否かを具体的に予測することが困難であるから、犯罪構成要件の明確性による保障機能を損ない、その結果、処罰の対象にならない文書の配布等の政治的行為も処罰の対象になるのではないかとの不安から、必要以上に自己規制するなどいわゆる萎縮的効果が生じるおそれがあるとの批判があるし、本件罰則規定が、懲戒処分を受けるべきものと犯罪として刑罰を科せられるべきものとを区別することなくその内容についての定めを人事院規則に委任していることは、犯罪の構成要件の規定を委任する部分に関する限り、憲法21条、31条等に違反し無効であるとする見解もある（最高裁昭和44年（あ）第1501号同49年11月6日大法廷判決・刑集28巻9号393頁（猿払事件）における裁判官大隅健一郎ほかの4人の裁判官の反対意見参照）。このような批判の存在や、我が国の長い歴史を経ての国民の政治意識の変化に思いを致すと（なお、公務員の政治的行為の規制について、地方公務員法には刑罰規定はない。また、欧米諸国でも調査し得る範囲では刑罰規定は見受けられない。）、本法102条1項及び本規則については、更なる明確化やあるべき規制範囲・制裁手段について立法的措置を含めて広く国民の間で一層の議論が行われてよいと思われる。

4　結論

　被告人の本件配布行為は政治的傾向を有する行為ではあることは明らかであるが、勤務時間外である休日に、国ないし職場の施設を利用せず、かつ、公務員としての地位を利用することも、公務員であることを明らかにすることもなく、しかも、無言で郵便受けに文書を配布したにとどまるものであって、被告人は、いわば、一私人、一市民として行動しているとみられるから、それは勤務外のものであると評価される。そうすると、被告人の本件配布行為からうかがわれる政治的傾向が被告人の職務の遂行に反映する機序あるいは蓋然性について合理的に説明できる結び付きは認めることができず、公務員の職務の遂行の政治的中立性を

損なうおそれが実質的に認められるとはいえないというべきである。したがって、被告人の管理職的地位の有無、その職務の内容や権限における裁量の有無等を検討するまでもなく、被告人の本件配布行為は本件罰則規定の構成要件に該当しないというべきである。被告人を無罪とした原判決は、以上述べた理由からして、結論において相当である。」

④結論を異にした宇治橋事件最高裁判決
※最判平24.12.7刑集66巻12号1722頁

主文　本件上告を棄却する。

〔中略〕
　次に、本件配布行為が本件罰則規定の構成要件に該当するかを検討するに、本件配布行為が本規則6項7号が定める行為類型に文言上該当する行為であることは明らかであるが、公務員の職務の遂行の政治的中立性を損なうおそれが実質的に認められるものかどうかについて、前記諸般の事情を総合して判断する。
　前記のとおり、被告人は、厚生労働省大臣官房統計情報部社会統計課長補佐であり、庶務係、企画指導係及び技術開発係担当として部下である各係職員を直接指揮するとともに、同課に存する8名の課長補佐の筆頭課長補佐（総括課長補佐）として他の課長補佐等からの業務の相談に対応するなど課内の総合調整等を行う立場にあり、国家公務員法108条の2第3項ただし書所定の管理職員等に当たり、一般の職員と同一の職員団体の構成員となることのない職員であったものであって、指揮命令や指導監督等を通じて他の多数の職員の職務の遂行に影響を及ぼすことのできる地位にあったといえる。このような地位及び職務の内容や権限を担っていた被告人が政党機関紙の配布という特定の政党を積極的に支援する行動を行うことについては、それが勤務外のものであったとしても、国民全体の奉仕者として政治的に中立な姿勢を特に堅持すべき立場にある管理職的地位の公務員が殊更にこのような一定の政治的傾向を顕著に示す行動に出ているのであるから、当該公務員による裁量権を伴う職務権限の行使の過程の様々な場面でその政治的傾向が職務内容に現れる蓋然性が高まり、その指揮命令や指導監督を通じてその部下等の職務の遂行や組織の運営にもその傾向に沿った影響を及ぼすことになりかねない。したがって、これらによって、当該公務員及びその属する行政組

織の職務の遂行の政治的中立性が損なわれるおそれが実質的に生ずるものということができる。

そうすると、本件配布行為が、勤務時間外である休日に、国ないし職場の施設を利用せずに、それ自体は公務員としての地位を利用することなく行われたものであること、公務員により組織される団体の活動としての性格を有しないこと、公務員であることを明らかにすることなく、無言で郵便受けに文書を配布したにとどまるものであって、公務員による行為と認識し得る態様ではなかったことなどの事情を考慮しても、本件配布行為には、公務員の職務の遂行の政治的中立性を損なうおそれが実質的に認められ、本件配布行為は本件罰則規定の構成要件に該当するというべきである。

⑤宇治橋事件最高裁判決における須藤正彦反対意見
〔前略〕
4 結論

被告人の本件配布行為は、政治的傾向を有する行為ではあることは明らかであるところ、被告人は、厚生労働大臣官房の社会統計課の筆頭課長補佐（総括課長補佐）で、本法108条の2第3項ただし書所定の管理職員等に当たり、指揮命令や指導監督等の裁量権を伴う職務権限の行使などの場面で他の多数の職員の職務の遂行に影響を及ぼすことのできる地位にあるといえるが、勤務時間外である休日に、国ないし職場の施設を利用せず、かつ、公務員としての地位を利用することも、公務員であることを明らかにすることもなく、しかも、無言で郵便受けに文書を配布したにとどまるものであって、いわば、一私人、一市民として行動しているとみられるから、それは勤務外のものであると評価される。そうすると、被告人の本件配布行為からうかがわれる政治的傾向が被告人の職務の遂行に反映する機序あるいは蓋然性について合理的に説明できる結び付きは認めることができず、公務員の職務の遂行の政治的中立性を損なうおそれが実質的に認められるとはいえないというべきである。したがって、被告人が上記のとおり管理職的地位にあること、その職務の内容や権限において裁量権があること等を考慮しても、被告人の本件配布行為は本件罰則規定の構成要件に該当しないというべきである。しかるに、第1審判決及び原判決は、被告人の本件配布行為が本法102条1項の政治的行為に該当するとするものであって、いずれも法令の解釈を誤ったものであるから、これを破棄するのが相当であり、被告人を無罪とすべきである。

平成18年3月8日宣告
平成17年（う）第620号

主文
原判決を破棄する。
被告人は無罪。

理由
第1　控訴の趣意に対する判断
　1　本件控訴の趣意は、弁護人加藤健次（主任）、菅俊治、原和良、今村核、秋山賢三及び荒木伸治連名作成の控訴趣意書その1ないしその3（それらの訂正申立書を含む。）並びに被告人作成の控訴趣意書記載のとおりであり、いずれも事実誤認の主張である。
　その論旨（当審弁論要旨における主張を含む。）は、被告人は本件犯人ではなく無罪であるというのであり、被告人も捜査段階以来一貫して犯行を否認している。
　2　本件公訴事実と原判決の判断
　原判決は、罪となるべき事実として、本件公訴事実とほぼ同旨の、「被告人は、平成15年10月22日午前8時15分ころから同日午前8時23分ころまでの間、東京都〈町名地番等略〉所在の西武鉄道株式会社西武新宿線P駅から同都〈町名地番等略〉所在の同線Q駅に至る間を進行中の電車内において、すぐ前に立っていた乗客のA（当時16歳、同女がちかん被害自体を受けたことは疑いの余地がないので、以下、「被害者」という。）に対し、背後から、同女の意に反して無理やり、同女着用のパンティーの上から左手でその陰部をなで回すなどした上、引き続き、同パンティー内に左手を差し入れてその陰部を触るなどし、もって強いてわいせつな行為などをした〉と認定した。
　そして、その認定の理由として、おおむね、①被害者の犯人識別に関する供述は、走行中の本件電車が大きく揺れて被害者が左側に傾いた折に右後方を見て、男性の左腕上の肘から上（前腕部）が少し上がり、左手のひらがほぼ上向きになっているのが見えた、Q駅で降車する際、右後ろを振り向き、その男性の左手

首辺りを、その男性が着ていたトレーナーの上からつかんだが、そのとき男性の左手は、私の腰の下くらいの高さで、肘が少し曲がった感じで前に出ており、手のひらが軽く開いて私のほうを向いていたなどという内容であり、被害者が左側に傾いたときに確認して、本件強制わいせつ行為の犯人であると考えた男性を、Q駅に到着して降車する際に捕まえたところ、その男性が被告人であったというもので、具体的かつ明確なものであるのみならず、迫真性や臨場感もあり、反対尋問を受けても動揺のないものであることなどから、これに高い信用性を肯定することができる、②被害者が、Q駅で降車する際に、その男性を捕まえたのは、本件強制わいせつ行為に及んだ犯人が、被害者のパンティーから手を抜いた直後であったというのであるから、被告人を別人と見誤ったり勘違いして捕まえた可能性があるという事案ではないことなども考え合わせると、被害者が被告人の手をつかんだ時の状況や被告人のトレーナーのマークに気づかなかった点は、その信用性を左右し得るものではなく、一連の被害者の行動に、電車内の混雑状況、被告人の着衣、被害者の陰部から床までの距離が被告人の左手指先から床までの距離とが大差のないものであることなどを総合すると、被告人の犯人性を強く推認することができる、③他方、被告人の、犯人と疑われる第三者がいたという趣旨の供述は、被害者が述べる継続的な被害状況とは整合性を有さないし、第三者の犯行の状況の現実味の希薄さ、あるいは、そうした行為の実行可能性の乏しさなどを考慮すると、被告人の供述には重要な点で不自然、不合理な点が多々あり、全体としてこれを信用することができないので、被告人以外に本件犯人が別に存在するのではないかとの合理的な疑いが生じる余地はない、④被告人の傘や腕時計等の当時の携行品に関連して検討しても、被告人が犯人であることに合理的な疑いを生じさせるような状況は見当たらないとした。

　3　当審においても、被告人は、原審供述と同様のことを述べている。そして、その供述等に関する心理鑑定を行った心理学者浜田寿美男を尋問し、併せてその鑑定意見書（当審弁8）や弁護人らの行った実験及び見分結果に基づく写真撮影報告書ないし報告書（当審弁1、2、4、10）、同趣旨のビデオテープ（当審弁3、11）を取り調べた後に、職権で被害者の証人尋問を改めて実施した。この証人尋問は、控訴審として直接証人に接して心証を得るために行ったものである。

　これら当審での事実取調べの結果をも踏まえ、本件記録を精査した上で再検討すると、被告人を犯人として識別した被害者の証言は、所論指摘のもろもろの疑問を入れる余地のないほど確実なものではないことが明らかとなり、原判示の前

記2①②の点は、被告人の犯人性を肯定する有力な根拠とはなり得ないことが判明した。また、同③の点に関しても、原判決が実行可能性が乏しいと判断した、被告人の背後にいる第三の人物による犯行についても、必ずしもその可能性がないとはいえないことが明らかとなった。そうすると、これらを改めて総合すると、被害者の原審証言を前提として被告人の有罪を認定した原判決の判断には、結果的に事実の誤認があったことになる。

　以下、説明する。

　4　まず、被害者の証言について検討する。

（1）原審証言

　被告人を犯人と識別した被害者の証言のうち原審で述べるところは、およそ以下のとおりである。

　すなわち、①被害を受けている最中に首をひねって後ろの右左を見たときに、後ろの左が女性で右が男性（被告人）だった、その男性が犯人だと思った、②電車が揺れて左に傾いたときに、パンティーに入っていた手が抜け、右を向くような感じで右後ろの人を確認した、その人（被告人）の左腕の肘から上が上がっているのが見えた、そのときの動作は、上腕部はほぼ垂直のままで、前腕部のみが上側に曲がっていて、前腕と上腕の角度は90度より狭いが60度よりは大きいくらいで、手のひらは、ほぼ上向きで軽く卵を握るような形であった、その男性は白いトレーナーを着ており、左手には何も持っていなかった、③同じ位置に戻ってから、すぐ1秒経たないぐらいのときに手がパンティーの中に入ってきた、④Q駅に着き、左右のドアが開いて、押されて少し前方に1、2歩歩きながら、右後ろを向いて被告人の手首をつかんだ、手がパンティーから出てすぐだった、肘がちょっと曲がり、手は自分の方を向いて軽く開いていた、⑤被告人の左手が自分の体に触っているというのは、見たことはない、右後ろだからと思った、警察官に指の配列で左手だって分かったかと聞かれて、何となくだが分かったと言った、触られたのは中指か人差し指だが、左か右かが分からない、右側の人かな、たぶん左手なんだろうなと思った、⑥被告人がバッグと傘を持っているというのは何となく記憶にあるが、捕まえたときは左手には何も持っていなかったというものである。

（2）当審証言

　ところで、当審において、職権で被害者を取り調べたところ、被害者は、原審と同様に遮蔽の措置をとったものの、感情の高まりなどは全くみせることはな

く、むしろ、終始冷静で、できるだけ客観的に質問に答えるという証言態度で一貫していた。この態度からして、当審証言には若干の忘却や混同はあるとしても、あやふやなことやありもしないことをあると述べるなどといった不審なところはみじんもなく、誠実で真摯な証言であると評価できる。

　前記原審証言のうち、注目される特徴的な点は、被害者が体勢を崩して右後ろを見たときに被告人が左手を上げており、ついでQ駅に到着後被害者が被告人の左手首をつかんだときも左手を上げていたとする供述で、前記2で触れた原判示の①の点である。

　被害者の当審証言は、まず、この点につき、左に傾いた体勢で右後方の被告人を見たときの被告人の左上腕部の形について、原審での説明内容と若干異なり、現在の記憶では当審証人尋問調書速記録添付の写真1の形、すなわち、左上腕部はやや斜めに自然な形で広がり、わきが若干開いている状態の形で再現した。しかし、これが原審と違うと指摘されると、原審で、「上腕部はほぼ垂直のままで」としているのならその方が正しいとも述べた。なお、被害者が捜査段階で供述するところにより警察官によって再現された状況は、電車内再現状況報告書（原審弁25）の写真3ないし6であり、どちらかといえば当審での形状に類似している。この点は、所論が指摘するように、重要な点での供述の変遷であるところ、さらに被害者は、その左手の形状自体は、被害者が、その男性（被告人）を犯人と認識した上では特に強い意味は持たないと述べるに至った。この意味するところは、被害者は、この手を見たから、後記の傘の点はさておき、まさに自分にちかんをして、パンティーから出てきた直後の手だと思ったというわけではないということである。つまり、被告人の左手の形状がちかん行為と結び付いていると判断して、その左手を有する被告人を犯人として識別したのではないということになる。そうなると、被害者自身の認識方法が、被害事実と被告人を結び付けるものとして、被告人の左手の形状を考慮していたものではないことが明らかとなった。要するに、被害者の原審証言では、被告人の左手の形状がちかん直後の状況を示すように受け取れるものであったのが、当審証言では、そのようなものではなく、しかも、その形状に特別の意味がある訳でもないことが判明したのである。そうすると、これは、Q駅到着後の、被告人の左手の形状、すなわち、肘が少し曲がった感じで前に出て手のひらが軽く開いて被害者の方に向いているとした点についても、同様に、特に意味を持たないこととなってしまう。

　その上で、被害者が改めて供述する、被告人を犯人として認識した根拠はほぼ

以下のようなものである。

　ア　触られているときの指の感覚が左手だと思ったし、右側に立っていたら左手がくると思うので、右後ろにいる男性（被告人）が触っていると思った。

　イ　倒れて戻った後、すぐ再度触ってきたのも、この男性が犯人であると思う根拠である、被告人が左手に傘を持っていなかったのははっきりしており、もし持っていれば違うのかなと思ったかもしれない。

　ウ　Q駅到着後、パンティーから出ていった犯人の手を、すぐつかまえようと思ってすぐつかまえた。

（3）検討

　ところで、アの点に関し、被害者は犯人の触っていた手が左手であることについては、触られていた指の並びが左手親指の感じとかでわかったと、ほぼ明言するのであるが、他方、「左右を確認して右後ろの男性が犯人であろうと、とすれば左手で触っているだろうという風に思ったのが事実でしょう。」と弁護人から問われると、「そうです。」とも答えている。

　被害者は、原審では、この点について、前記(1)⑤のようにも述べていた。この点は、所論が指摘するように、被害者が捜査機関の誘導に影響されやすいことを示すものとまではいえないであろうが、結局のところ、被害者は、左手で触られているから、右後ろにいる男性が犯人と思ったか、右後ろに男性がいるから左手で触られていると思ったかのいずれかの思考過程を経て、犯人を被告人と認識していたことをうかがわせるものである。ところで、皮膚の感覚に関し、２点弁別閾で決定される空間的分解能（触覚）では、体幹部の２点弁別閾はかなり大きいことが認められ（当番弁13）、臀部の触知覚能力は高くはないとも推測される。そうすると、前者の推論は、「左手で触られた」という不安定な前提に立っている可能性が大きいことになる。そして、前者の推論に拠ろうと、後者の推論に拠ろうと、いずれにしろ、その後は、所論が指摘するように、被害者は、右後方に男性がいるということで、その男性を犯人と推定し、以後その推定が覆されるような状況が起きず、かえってイのような、被害者の仮説を実証するような状況も起きたことから、犯人は右後方の男性すなわ被告人であると考えてしまったという可能性が高くなる。被害者は当審でも、真後ろを振り向いたことはないとしているところ、被害者としては当時犯人として被告人以外の第三者の可能性を考慮に入れる余地はなかったといえ、浜田証言及び鑑定意見書（当審弁８）においても、前記推論過程につきほぼ同様の可能性が指摘されているのである。

ところで、イの傘の点は、かなり有力な有罪の根拠といえる。被告人は、原審・当審を通じて、左手には傘を持っていたと一貫して具体的に述べており、他方、被害者も、被告人の左手を２回見て、いずれも傘など持っていなかったと明言し、しかも、傘が目に入れば被告人を犯人とする推測を訂正したであろうとすることからして、この点は確度の高い目撃供述のようである。

　しかしながら、所論もいうように、被害者の当時の観察状況を考えると、高校生である被害者が、本件のようなかなり悪質なちかん被害にあって驚くとともに、困惑・狼狽したことは容易に想像がつき、相当の興奮状態にあったものと推測するとができる。そうすると、自然、周囲の状況に関する冷静で緻密な観察は期待し難いといってよい。被害者自身、当審で、「倒れたときも犯人だと思っている男の人だけを注意していたと。」との弁護人の問いに、「はい。」と述べ、「一瞬、じっくりは見ていないです。」、「ちらっと見ました。」との答えにとどまっている。なお、原審においても、左手の中は見えないし、指の先は見えなかったとも述べている。そして、Ｑ駅に到着後も、被害者は、犯人をいよいよ捕まえようとしている瞬間であり、被害者自身もかなり興奮していたことを認めている。しかも、つかんだ手をすぐに被告人によって振り払われたというのであるから、客観的にも、果たして冷静な観察をなし得る状況であったかには疑問がある。

　本件全体の証拠状況を見ると、被告人がこの時左手に傘を持っていたか否かは、持っていれば極めてちかん行為がしにくいことから、重要な論点の一つではある。この点で、左手に持っていなかったとする被害者と持っていたとする被告人の言い分が真っ向から対立している。被害者が、被告人が傘を持っているかどうか冷静に観察できたかについては、前述のような疑問がある一方、傘の持ち方などは、そう意識している訳ではないから、被害者が見た時には、被告人が無意識のうちに傘を右手に持ち替えていた可能性もないわけではない。また、被害者の認識に間違いがないとしても、これに反する被告人の供述が故意に自己に有利に嘘をついているものとして、有罪の有力な証拠ことするのも問題である。心証が拮抗している場合に、この点で被告人が嘘を言っているから有罪だとするのは、まさに心証のなだれ現象を起こすことになるから、被告人の弁解が成り立つのか否かのみを重視するのは、事実認定上慎重でなければならない。左手に傘を持っているか否について、被害者と反する供述をしたから、被告人はちかんの犯人であるとは到底なし得ないのである。そして、また、いったん手がパンティーから出た後、すぐにまた入ってきたことについても、被害者は、その背後を的確

に見通せる直近の男性は被告人のみであるから、被告人がやったはずだと思ったものである。しかし、仮に犯人が被告人であるとするならば、直前に体勢が倒れて図らずも手がパンティー内から出て、被害者から顔を見られ、いわば犯行が露見したというのに、そのまた直後に堂々と同じ犯行に及ぶであろうかという素朴な疑問も出てくる。そうすると、むしろ、視野が利かないために、被害者に顔を見られたとは思わなかった、もう一人背後の人物であれば、平然と同じ犯行を再開して継続することもあり得ると考えられるのである。

　そのように考えると、この点もさほど確固とした有罪の根拠ではなくなる。

　さらに、ウの点を見ると、これは、被害者が原審・当審を通じ、一貫して証言している点である。しかしながら、これには客観的に疑いを入れる余地がある。すなわち、被害者及び被告人ともに乗り換えを予定していたＱ駅は、主要乗り継ぎ駅であり、同駅に電車が到着した後は、降車する多数の乗客が車内で出口に向い移動を始めていた状況であったことは、関係証拠上優に認められる。被害者も、原審において、前記(1)④のとおり、押されて少し前方に１、２歩歩いたと述べている。そうすると、当然ながら、降車しようとする被告人はそのまま出口ドアに向かって前に進んでおり、犯人も降車しようとすれば同様であるし、そうでないとしても、押されて多少は位置に移動があったはずである。被害者が、いくらパンティーから手が出て１秒も経たないうちに振り返って、後方の犯人の手をつかもうとしたといっても、その犯人の手はもはや識別ができなくなっている可能性があるというべきである。そのような状況の下で、被害者が、その右後方にいて、直前に顔を確認したところの被告人の手を正しくつかんだからといって、それは、振り向きざまに犯人の手をつかんだなどとはいえず、ちかん直後の手をつかんだことにはならないという所論はもっともというべきである。この点は、およそ、被害者が、犯人と思った右後ろの男性を、正しく捕まえたとの意味しか有さない。

　結局、被害者が当審で改めて述べる根拠は、いずれも、異論を差し挟む余地のあるものであり、被害者の犯人識別の思考過程には問題があるということになる。

　5　そこで、被告人の否認供述について検討する。

　すでに、被害者の供述を検討する上で被告人の供述にも触れたが、そのほかにも、本件犯行の犯人性を認定するにあたり、被告人の否認供述には信用性をあながち否定し難いところがある。

まず、所論が指摘するように、被害者は、被害を受けた最初の時点を、Ｐ駅のホーム上であるとする。原審及び当審において、被害者は、Ｐ駅のホームで本件電車に乗車しようとしたときから既に臀部を触られており、電車内でも引き続き触られ、この犯人は同一人であるというのである。この点、被告人は、西武新宿線電車にＬ駅で乗車し、Ｐ駅では、降車する乗客に押されてホーム上に降り、再び押されるようにして乗車したというのであって、この点の信用性を否定するに足る特段の立証もないところ、もしそうであれば、再乗車するためだけにホーム上に降りた乗客が、先に待っていた乗客である被害者に対しちかん行為に及ぶといった可能性は考え難い。もちろん、被告人にそのような種類の性的行為に及ぶ性癖があったなどといった立証は本件においては何らなされていない。そうすると、ホーム上で乗車待ちの被害者にちかん行為を始めた人物が本件犯人であるとすると、たまたまＰ駅で押されて降車したにすぎない被告人が犯人であるとするには、やはり大きな違和感があるということになる。

　次に、第三者の犯行の可能性に関しての供述である。

　被告人は、被害者から犯人として名指しされた当初から、自己の犯行を単に否定するのみならず、ハーフ風の男性の話をしていた。この点は、被害者も、被告人が当初から後ろの外人の人がやったみたいなことを言っていたとしており、本件当日接見に赴いた弁護人菅俊治の原審証言からしても明らかといえる。そして、浜田証言及び前記鑑定意見書によると、心理学的知見からして、自らが現実に体験したことを語っているものと考えてよいというのであり、原判決が不自然、不合理であるとしてその信用性を否定する根拠の一つとした、被告人が電車内での第三者のちかん行為に気づかなかったなどとする点についても、被告人の関心が前の男性の服装、しかも、その珍しいマークに集中していれば、その時々の関心に沿って「図」を取り出し、それ以外のものは「地」として背景に沈めるとの認知心理学の図地分節によって説明でき、心理学的に十分にあり得るというのである。そして、被告人がデザイン等に関心が深いということも、被告人の妻の原審証言や被告人の所持品等によって裏付けられているのである。

　その上で、所論指摘のとおり、物理的な実行可能性として、本件電車内と同様の混み具合の車内では、被告人の後方にいた人物でも、本件犯行に及ぶことが可能なことが認められる（当審弁１ないし３、原審弁３、21）。なお、捜査段階においても、被告人の弁解に従い、その旨の再現実験が行われ（甲25、26）、捜査担当者らは、その結果隙間ができず、無理矢理割り込んできて腕が入れる隙間を

作り手を伸ばさない限り、被害者の陰部に触れることは難しい、後方から手が伸びてくれば、被告人のほかに他の乗客も気付くはずであるとか、乗客の下の隙間から被害者を触ろうとすれば足を屈めて不自然な態勢になるから、被告人の供述には信憑性が認められないとの判断をしたことが認められる。しかし、このうち一つの実験では、被告人役の警察官らは、警棒等の装備をしたままで実験をしており、また、いずれも弁護人らのように、混み具合についての緻密な計算もした上でのものとはいえない。その実験結果はにわかに信用できず、後方にいた第三者の犯行である可能性を否定するに足りない。なお、被害者は、原審及び当審において、この実験をした警察官から、被告人の言うような後方の人物が犯人であるとすると、手が（被害者の陰部に）届かないことを言われたと思うとしており、当審においては、もし、そのようなことが可能となれば、考えはちょっと変ると思うとも述べている。本件では、この警察官の強引ともいえる決めつけが、被告人を犯人と考えつつも、その時点では訂正可能であった被害者を、被告人が犯人に間違いないという確信へと誤導してしまったという可能性がある。

　さらに、被告人が当時左手首に若干厚みのある腕時計をはめていたことに関連しても、弁護人側の実験の結果、被告人がその左手で犯行に及べば、被害者のパンティーがずれ、特に、予期しない機会に突然手が抜けたような場合には、パンティーの上部が乱れる可能性もあり得ると認められる（当審弁２、３、10、11）。被害者がいう、そういう感覚はなかったということにもやや違和感が感じられないでもない。

　これらを総合すると、第三者の犯行の可能性等を含む、被告人の否認供述は、容易には排斥することができないというべきである。この点の所論は理由がある。

　6　結論

　本件においては、被害者が述べるちかん被害の事実と被告人とを結び付ける直接証拠はないところ、被害者が犯人として被告人を識別した供述には、結局のところ、被害事実と被告人とを結び付けるに足りる合理性が欠けていることが明らかになった。そして、被告人の否認供述がその信用性を否定しきれず、第三者の可能性も排斥できないこととなったのであるから、その余の所論について検討するまでもなく、本件においては、被告人を本件の犯人と認定するには合理的な疑いがあるというべきである。

　なお、本件では、原審で取り調べた証拠だけからでは、あるいは、原判示のよ

うな有罪判断もあり得たともいえるが、当審で取り調べた各証拠、ことに、被害者の職権による再尋問により、被害者の言うとおりであったとしても、なお、有罪とするには足りないことが判明したのである。それも、被害者が当審で、記憶があいまいになったとか、正しい証言をする意欲がなくなったとかいうのではなく、むしろ、前述したように、淡々と冷静に当時のことを振り返って、まさに、客観的に自分の証言を見直して述べているところから、極めて信用性が高く、あえて嘘を言っているわけではないことが明らかとなった。この点、所論は、被害者の証言を否定しようとするあまり、必ずしも適切でない批判をしているようにも思われるが、本件の本質は、再確認するように、被害を受けたことには間違いのない被害者が言うとおりだとしても、被告人を犯人だとするには足りないという点にある。あえて簡略化していうと、被害者が、パンティーの中に入ってきた手が左手だと思ったところ、右後ろにいた男性が被告人だったことから、更に背後の人間による可能性等を全く考慮しないまま、被告人が犯人だと思い、以降は、警察官による当初の強引な決めつけもあって、被告人が犯人であるという考えで一貫してしまったにすぎないといえるのである。所論もこのことに賢明にも気づき、適切に指摘しているとおりである。何も、被害者がいい加減なことを言っていたがために、被告人が一旦は犯人とされてしまったとみるべきではないのである。この点は、被害者の名誉のためにも、あえて付言しておく。また、そうすると、被害者が当初必ずしも確信がなかったのに、本件起訴に至ったのは、前述したように、警察官がずさんともいえる犯行再現などにより、強引なまでに被告人の弁解を封じて一顧だにしないという態度をとったためであり、このため被害者は、次第に被告人が犯人だと確信するようになってしまったということができるのである。被告人と被害者との言い分を当初から冷静に吟味すれば、あるいは本件は起訴には至らなかった事案ではないかと考えられる。被告人が本件起訴後に受けた数多くの苦難を考えるとき、この種事案を、たかがちかん事件として扱うのではなく、当然のことながら、慎重な上にも慎重を期した捜査を経た上での起訴が必要であるというべきである。

　したがって、被告人を有罪と認定するに足りる証明がなされたとはいえず、本件公訴事実については被告人は無罪であるといわざるを得ない。

　そうすると、原判決は破棄を免れない。

　論旨は理由がある。

　第2　破棄自判

そこで、刑訴法397条1項、382条により、原判決を破棄し、同法400条ただし書により、当審において被告事件につき更に判決する。

　本件公訴事実については、すでに詳細に検討したとおり、被告人が犯人であると認めるに足りる証拠がないので、犯罪の証明がないことに帰するから、刑訴法336条により無罪の言渡しをする。

　よって、主文のとおり判決する。

あとがき

　本書の執筆を始めたのは2019年の年末であるが、その後、世界と日本はこれまで想像をしていない事態が発生し、大混乱の中にある。

　新型コロナウイルスの感染拡大、パンデミックの発生である。日本でも、4月7日に13都道府県に緊急事態宣言が発出され、その後同月18日からは、宣言が全国に拡大された。学校は休校要請を受け、子どもたちは学びの場を失うことになった。国民・市民には外出の自粛が呼びかけられ、人が密集する多くの店舗などには休業要請がなされた。街は、これまで体験したことのない社会的・経済的混乱と疲弊の中にある。

　2020年は東京オリンピックの年、海外からのインバウンド需要を見込んで浮かれていた年初の日本の姿は、一瞬にして消え失せてしまった。

　感染は、今後第2、第3の波が繰り返されると言われ、人類は、今後数年間は、新型コロナウイルスとの共生を覚悟しなければならなくなると予想される。

　他方、私たちは、ビフォアコロナの時代が決してバラ色であったわけではなかったことも忘れてはならない。数十年前から、経済活動の爆発的拡大の影響で、地球の危機、地球温暖化問題は避けて通れない人類共通の課題であった。昨年は、異常気象の影響で台風や豪雨被害が日本でも繰り返され、オーストラリアやアマゾンでは大規模な森林火災が発生した。しかし、暴走した経済活動を人間は自ら止めることができずにいたのである。

　新型コロナウイルスは、皮肉なことに、人類の経済優先主義、人間優先主義を強制的にブロックした。東京の空は、経済活動の停止・減速によりとてもきれいになった。こんなにきれいな東京の空は何十年もの間見たことはない。ベニスの運河やガンジス川の水も、今は透き通っているという。

　この機会に、人間の傲慢さを反省し、自然と共生した生き方、社会

のあり方を模索しなければならない時期にきている。決して、アフターコロナは、元の社会への回帰を意味しないし、それを目指してはならないと私は強く思う。

　司法の問題でも、幸か不幸か、私たち弁護士の業務も人と会えないこの自粛期間を通じて一気に、リモートワークやIT化が進んだ。もちろん、IT化、オンライン化がすべてでなく、人と人との直接の接触や対面での業務はなくなるものではないが、IT技術のよいところを積極的に取り入れ、法的サービスの質を高めることは、裁判所や弁護士に今後一層求められていくであろう。

　他方、緊急事態による権力の集中や情報の一元化、個人情報やプライバシーの保護など、人権保障との関係では、極めて危険な一面も見ておく必要がある。そもそも司法の役割は、権力のチェックである。情報を公開させ監視すべき主体は主権者である国民・市民であって、国民・市民が監視の対象・客体ではない。ややもすると今の政治を見ていると、権力の情報が隠蔽され、改変され、他方で国民への監視が進んでいることに対して私たちはもっと敏感にならなければならないと考える。弁護士が国民・市民の側に立った司法の担い手である以上、私たち弁護士の役割は、この点でも重要であると思う（このような問題意識は、本書の第3章を執筆したこととも相通ずるところがある）。

　私がこの本の執筆に至ったのは、私を弁護士として育ててくれた依頼者のみなさんがあってのことであり、事件の依頼を通じて私はたくさんのことを経験し、学ぶことができたと思う。この本で取り上げなかった事件の依頼者の方々も含めて改めて感謝申し上げたい。

　また、私たち法曹には、常に自分たちの時代の次代を担う後継の法曹を自分たちで育てていくという伝統がある。この本が、私の失敗経験を他山の石として、法曹を目指す若者たちに少しでも参考になればと思い筆を執った次第である。

2020年6月

　　　　　　　　　　　　　　　　　　　　原　和良

【著者紹介】

原 和良（はら・かずよし）

　1995年4月　弁護士登録（東京弁護士会）
　2007年　パートナーズ法律事務所設立
　2012年　弁護士法人パートナーズ法律事務所設立
　2018年　株式会社パートナーズ設立
　一般社団法人弁護士業務研究所代表理事
　東京中小企業家同友会理事

【主要著書】

『弁護士研修ノート』（レクシスネクシス・ジャパン、2013年）

『弁護士経営ノート』（監修）（レクシスネクシス・ジャパン、2015年）

『明るい失敗』（クロスメディア・パブリッシング、2017年）

『改訂　弁護士研修ノート』（第一法規、2019年）

逆転勝利を呼ぶ弁護
７つの実例とその教訓

2020年7月27日　初版発行

著 者	原　和良 はら　かずよし
発行者	佐久間重嘉
発行所	学 陽 書 房

〒102-0072　東京都千代田区飯田橋1-9-3
営業　電話　03-3261-1111　FAX　03-5211-3300
編集　電話　03-3261-1112
振替　00170-4-84240
http://www.gakuyo.co.jp/

ブックデザイン／佐藤　博
DTP制作／みどり工芸社　　印刷・製本／三省堂印刷

★乱丁・落丁本は、送料小社負担にてお取り替えいたします。
ISBN 978-4-313-51185-9 C2032
©Kazuyoshi Hara,2020, Printed in Japan
定価はカバーに表示しています。

JCOPY 〈出版者著作権管理機構 委託出版物〉
本書の無断複製は著作権法上での例外を除き禁じられています。
複製される場合は、そのつど事前に、出版者著作権管理機構（電話 03-5244-5088、FAX03-5244-5089、e-mail : info@jcopy.or.jp）の許諾を得てください。